お菓子教室TABLUE（テーブルー）の11のスペシャルレッスン

おうちで作る きれいでおいしいお菓子

出沼麻希子

文化出版局

JN207395

はじめに

はじめまして、お菓子教室TABLUE（テーブルー）を主宰している出沼麻希子です。
この本を手に取っていただき、ありがとうございます。

"「なぜ？」に、寄り添う。「楽しい！」を、届ける。"
これがTABLUEのスローガン。
生徒の皆さんがおうちでも失敗せずに、おいしくきれいなお菓子を作れるよう、
試作を重ねたレシピをもとに、オンラインレッスンを行っています。

レッスンを通じて、生徒の皆さんからうれしいお声をいただくことがあります。
「今まで自分には作れない、とあきらめていた難しそうなお菓子がちゃんと作れて感激です。
お菓子作りの楽しさがぐんと広がりました」
「隅々まで行き届いたレシピのとおりに進めていくと、作業がスムーズ。
ていねいな解説がお菓子作りの道しるべになっています」
こうした言葉が私にとって大きな励みであり、レッスンの原動力となっています。

この本でも、いつものレッスンと同じような感覚を味わっていただきたく、
本では伝わりづらい細かなテクニックをできるかぎり詰め込みました。
そのため、レシピの数を厳選していますが、いずれもレシピどおりに作れば
きっと満足のいくお菓子を作っていただけるはずです。
レシピの難易度は初級者から中級者、上級者向けの少し難しいものまで。
まずはご自身で作ってみたいと思えるものから、ぜひチャレンジしてみてください。

とにもかくにも「楽しんでお菓子を作ってほしい」というのが私の願いです。
楽しみながら作ったお菓子は、きっと特別おいしくなるはず。
この本が、皆さまのお役に立ち、
たくさんの楽しいひとときが生まれることを心から願っています。

TABLUE　出沼麻希子

Contents

- 電子レンジは600Wを使用しています。500Wの場合は加熱時間を1.2倍にしてください。
- オーブンは電気オーブンを使用しています。機種によって火加減が多少異なるので、焼き加減を見ながら調節してください。ガスオーブンの場合は、予熱温度を焼く温度と同じにしてください。

本書のいくつかのポイント

レベルに合わせて

各レシピには難易度の★マークがついています。

★☆☆　初級者向け

★★☆　中級者向け

★★★　上級者向け

どれから作ろうか迷ったら、おすすめは、一番最初の絞り出しクッキーから。徐々に難易度を上げていくと、お菓子作りのコツが自然に身についていきます。

11のお菓子とそこから広がるアレンジ

それぞれのお菓子には、そこから派生するアレンジを紹介しています。基本をマスターしたら、アレンジレシピにもぜひチャレンジを。ひとつのお菓子がまた別のお菓子に変化する楽しみを味わってください。

「なぜ?」がわかる

レシピ内では、皆さんがつまずきやすいポイントを解説しています。また、実際に生徒の皆さんから寄せられた"よくある質問"をQ&Aにまとめました。うまくできなかった工程や、代用できる材料など、お菓子作りのあれこれを解説しています。

満足度の高いお菓子をおうちでも

誰が作っても、おいしくてきれいなお菓子ができるように細かな工夫をレシピに盛り込んでいます。中には、2日かけて作るお菓子もあるので、道のりが長いなぁ、と思われるかもしれません。けれど、ぜひ一度レシピどおりに作ってみてください。完成したときには、きっと「お菓子作りは楽しい!」と感じていただけると思います。

スムーズなお菓子作りのための下準備とコツ

下準備はお菓子作りの大切なポイント。
省かずに行うことが、成功への近道です。

粉はオーブンシートにふるう

オーブンシートの上で粉をふるうと、粉が飛びにくく、ボウルや鍋に入れやすいです。ふるったあと、片方の端をねじっておきます。ココア用、薄力粉用などに分けて保存しておけば、繰り返し使えます。

湯せんはフライパンが便利

コンロに直径20cmほどのフライパンをかけて湯を沸かし、必要に応じてボウルの底を当てます。一度沸かしたら弱火にするか、火を止めて。フライパンはどんなサイズのボウルでも大丈夫なので鍋より使いやすいです。

絞り出し袋はカップにセット

カップに絞り出し袋を入れ、はみ出した部分をカップの外側に折り込みます。口金をつける場合は、口金の上をねじって口金の中に押し込んでからカップに入れます。

お菓子のガイドラインを作る

型を使わないお菓子をきれいな見た目に仕上げるために、補助的な道具を使います。大きさをそろえたい生地は、セルクルで絞る位置の印をつけたり、形をまっすぐに均等にカットするためには工作用紙をガイドラインとして使います。

オーブンの予熱は
焼く温度より10℃高くする

焼くときに扉を開けると温度が下がるので、予熱は
高めに設定。焼くときは、ほとんどのものは予熱温
度より10〜20℃下げます。

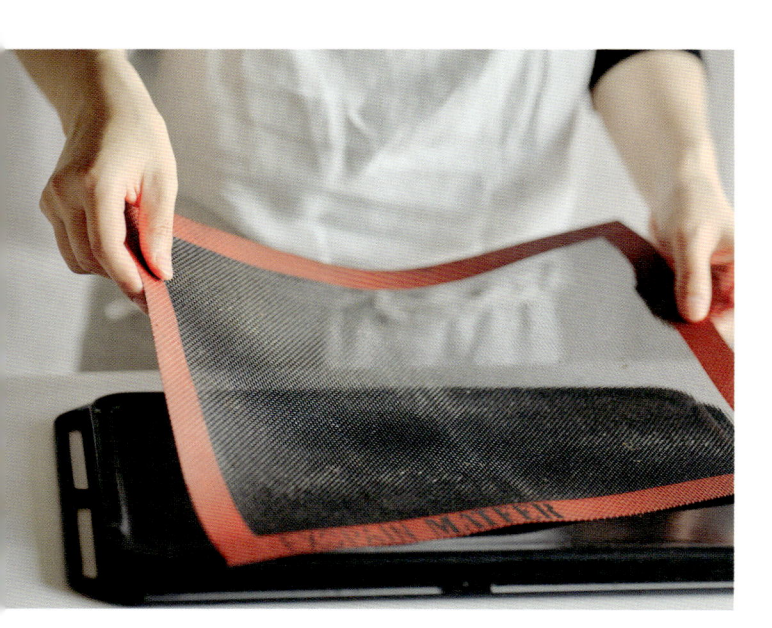

天板は裏返して使う

縁に立ち上がりがあるものは裏面を使用するとフラッ
トな状態で焼くことができます。ここにシルパンやオ
ーブンシートを敷くと端まで使うことができます。

クリームをぬるときは
パレットナイフの持ち方がポイント

親指と中指でパレットナイフの柄の上のほうを持ち、人差し指
はステンレスのところに添えます。こうすると先端まで力が伝
わってコントロールしやすくなります。

粉糖は人差し指を使う

茶こしで粉糖をふるとき、そのままふると、どばっと出てきてムラになりやすいです。人差し指で軽くトントンとたたくときれいにふれます。

お菓子を長く保存したい場合

乾燥剤
水分を吸収するもので、クッキーなどの焼き菓子に使います。袋に入っている青い粒が水分を含むとピンクになります。お菓子とともに乾燥剤対応の袋に入れて口を閉じます。

脱酸素剤
酸素を吸収するもので、フィナンシェなどの半生菓子に使います。錠剤が脱酸素状態ならピンク、酸素を含むと青になります。お菓子とともにガス袋に入れ、シーラーで口を閉じます。

絞り出しクッキー コーヒー風味

Spritz Cookies

シンプルな材料の生地にコーヒーの香ばしい風味を加え、さっくりと軽い食感に仕上げたクッキー。

絞り出しやすい生地にするためには、バターのかたさをしっかり調整するのがポイントです。

大きさをそろえて絞り出すと、並べた姿が美しく、缶に詰める場合も簡単にできます。

材料　直径3.5cm 17個分

バター（食塩不使用または発酵バター）…… 70g

A ┌ 粉糖 …… 30g
　　└ 塩（ゲランド）…… 0.4g

卵白 …… 10g

薄力粉（エクリチュール）…… 80g

ひいたコーヒー …… 3g

粉糖 …… 適量

強力粉（印つけ用）…… 適量

ポイントになる道具

☐ 絞り出し袋　　☐ 星口金（10切8番）
☐ セルクル（直径3.5cm）

下準備

・ バター、卵白、薄力粉は、それぞれ常温に戻す。

・ 絞り出し袋に星口金をつけてカップにセットする。

　＊ 絞り出し袋の先端をカットするときは、口金の先端を下にして、切り込みのぎりぎり上をカットしてください。クッキー生地はかたく、押し出す力も強いため、絞っている途中で口金が抜けないようにするためです。

・ 天板にシルパン（またはオーブンシート）を敷き、セルクルに強力粉をつけて17個印をつける a。

・ オーブンは180℃に予熱する。

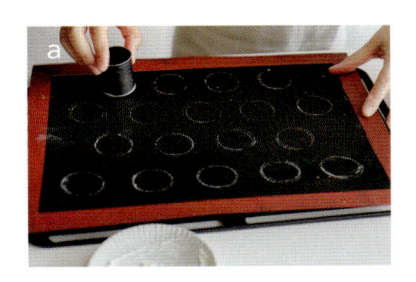

作り方の流れ

バターを常温でやわらかくする
↓
クッキー生地を作る
↓
天板に絞り出し、170℃のオーブンで23分焼く

1 ボウル（18cm）にバターを入れてゴムべらでほぐし、**A**を加えてよく混ぜる。

2 ボウルの底を湯せんに一瞬つけてすぐにはずし、泡立て器でかためのマヨネーズくらいになるまで混ぜて生地をゆるめる。

Memo ここで湯せんするのは、生地のかたさを調整するため。ここでしっかりと生地をゆるめることで、絞り出しやすい生地になります。

3 卵白を加え、しっかり混ぜて乳化させる。

4 薄力粉をふるい入れてコーヒーを加え、ゴムべらをボウルの側面にこすりつけるようにして混ぜ合わせる。粉っぽさがなくなって全体が均一に混ざればよい。

5 絞り出し袋に入れ、シルパンにつけた印に合わせて3.5cmの円形に絞る。

Memo 絞り出し袋の上部はしっかりとねじり、袋もしっかり張った状態で生地を押し出すと絞りやすいです。

6 粉糖を茶こしでかける。

7 170℃のオーブンで23分焼く。このとき、オーブンに入れて15分後に天板の前後を入れかえる。焼き上がったら天板からはずし、シルパンごと網の上で冷ます。最後に粉糖を茶こしで軽くふって仕上げる。

Memo 途中で天板の向きを変えるのは、焼きムラを低減させるため。庫内の位置によって火のあたりに差があるからです。庫内の温度が下がらないように手早く行いましょう。

Q & A

Q. 絞り出しクッキーの生地がかたく仕上がってしまいました。

薄力粉を入れてから生地をやわらかくするのは難しいです。バターをしっかりゆるめ、すべての材料を常温に戻してから合わせてみてください。

Q. 絞りがきれいな丸形になりません。

絞る力が弱かったり、丸を描くときに大回りになってしまうと、絞りの線がぶれやすいです。口金の先は小さな動きで「の」の字を描き、生地を強めにしっかりと押し出してください。

保存

乾燥剤とともに密閉容器に入れて、常温で1週間ほど。

風味や仕上げを変えて

3種のクッキー（チョコクッキー、紅茶クッキー、レモンサブレ）

基本の生地に少し手を加えるだけで、違う香りや食感が楽しめる3種類のクッキーに。
濃厚なカカオとナッツの「チョコクッキー」、華やかな紅茶香る「紅茶クッキー」、
爽やかな甘みの「レモンサブレ」。ぜひ、お試しください。

材料

◎**チョコクッキー**　直径3.5cm 17個分

バター、粉糖、塩、卵白
　　……「絞り出しクッキー」と同量
薄力粉（エクリチュール）……70g
ココアパウダー ……10g
アーモンドダイス（またはカカオニブ）…… 適量

◎**紅茶クッキー**　直径2.5cm 30個分

バター、粉糖、塩、卵白、薄力粉
　　……「絞り出しクッキー」と同量
アールグレイの茶葉 …… 4g（ティーバッグ2袋分）

◎**レモンサブレ**　直径3.5cm 17個分

バター、粉糖、塩、卵白、薄力粉
　　……「絞り出しクッキー」と同量
レモンの皮 …… 1/2個分
A｜粉糖 …… 25g
　｜レモン果汁 …… 4g

下準備

「絞り出しクッキー」と同じ。

作り方

◎**チョコクッキー**

1 p.14の作り方**1**～**3**までを同様に作り、薄力粉とココアパウダーをふるい入れ、ゴムべらで混ぜ合わせる。

2 生地を絞り出し袋に入れ、直径3.5cmの円形に絞り出し、アーモンドダイスをのせる。

3 170℃のオーブンで20分焼く。このとき、オーブンに入れて15分後に天板の前後を入れかえる。

◎**紅茶クッキー**

1 p.14の作り方**1**～**3**までを同様に作り、薄力粉をふるい入れてアールグレイの茶葉を加え、ゴムべらで混ぜ合わせる。

2 生地を絞り出し袋に入れ、直径2.5cmに絞る。口金を垂直に持ち、天板から7mm上に固定したら口金の高さまで絞り、力を入れずに上へ引き上げる。

3 粉糖（分量外）をふるい、170℃のオーブンで19分焼く。このとき、オーブンに入れて15分後に天板の前後を入れかえる。

◎**レモンサブレ**

1 p.14の作り方**1**～**3**までを同様に作り、薄力粉をふるい入れ、レモンの皮をゼスターで削り入れて混ぜ合わせる。

2 生地を絞り出し袋に入れ、直径3.5cmの円形に絞り出す。

3 170℃のオーブンで23分焼く。このとき、オーブンに入れて15分後に天板の前後を入れかえる。

4 冷めたら、**A**を合わせてアイシングを作り、スプーンでかける。レモンの皮（分量外）を散らす。

レーズンサンド

Raisin Sandwich

香り豊かなラムレーズンとミルキーなバタークリームを、ほろっとした食感のサブレではさみます。

サブレ生地をきれいにカットすることで美しい仕上がりになります。

カットしやすくムダが出にくいのばし方をご紹介します。

材料　3.5×9cm　8個分

〈ラムレーズン〉 作りやすい分量

ドライレーズン …… 70g

A ┌ グラニュー糖 …… 18g
　　└ 熱湯 …… 13g

ラム酒 …… 50g

〈サブレ生地〉 3.5×9cmのサブレ16枚分

B ┌ バター（食塩不使用または発酵バター）…… 55g
　　├ 粉糖 …… 30g
　　└ 塩 …… 0.2g

卵黄 …… 18g

牛乳 …… 5g

C ┌ アーモンドパウダー …… 30g
　　├ ベーキングパウダー …… 1.5g
　　└ 薄力粉（ドルチェ）…… 80g

〈ホワイトチョコのバタークリーム〉

バター（食塩不使用）…… 40g

ホワイトチョコレート …… 30g

ラムレーズンの漬け汁 …… 2g

ポイントになる道具

- ☐ シルパン＊　　☐ 工作用紙（9×30cm、3.5×9cmに切る）
- ☐ 絞り出し袋　　☐ めん棒　　☐ 温度計
- ☐ ルーラー（3mm）

＊ シルパンでサブレを焼くと余分な水分や油分が抜けてサクサクになります。さらにサブレの底が密着して浮かないので、きれいな焼き上がりになります。

作り方の流れ

2日を目安にして作ります

1日目

ラムレーズンを作り、冷蔵庫で一晩以上漬け込む
↓
サブレ生地を作り、冷蔵庫で一晩休ませる

2日目

サブレ生地をのばして冷凍庫で冷やし、カットして170℃のオーブンで13〜14分焼く
↓
ホワイトチョコのバタークリームを作る
↓
サブレにホワイトチョコのバタークリームとラムレーズンをサンドする

1日目

ラムレーズンを作る

1 ボウルにレーズンを入れ、熱湯（分量外）をかぶるくらい注ぎa、2分おく。ざるに上げてペーパータオルで水気を取る。

2 耐熱カップに**A**を入れてゴムべらで混ぜて溶かす。

3 密閉容器に**1**と**2**を入れ、ラム酒を加える。完全に冷めたら、冷蔵庫で一晩以上漬け込む。

Memo　冷蔵庫で1か月保存できます。

サブレ生地を作る（仕込み）

下準備

・バター、卵黄、牛乳はそれぞれ常温に戻す。

4

ボウル（18㎝）に **B** を入れ、ゴムべらですり混ぜる。

5

均一に混ざったら卵黄を加え、なめらかになるまで混ぜ合わせる。

6

牛乳を加えてよく混ぜる。

Memo　混ざりにくい場合は、泡立て器を使ってください。

7

粉ふるいに **C** を合わせてふるい入れる。

8

粉っぽさがなくなるまでゴムべらでさっくりと混ぜる。ボウルの中心にゴムべらを切るように入れ、ボウルの側面に沿わせながら生地を返して混ぜる。

9

混ぜ終わりは粉がなじむくらい（白っぽい粉が見えなくなる程度）で、ぼろぼろした状態でよい。

10

ひとまとめにしてラップで包み、めん棒で表面を整える程度に四角にのばす。

11

冷蔵庫で一晩休ませる。

Memo　冷蔵で3日間、冷凍で約1か月保存できます。ラップに何の生地かがわかるように、生地の名前と作った日付を書いておくと便利です。

サブレ生地を成形する

下準備
- オーブンシートを25×35cmに2枚カットする。
- 工作用紙を9×30cmと3.5×9cmにカットする。
- 天板にシルパンを敷く。

12

休ませた生地を取り出してラップをはずし、台に押しつけるようにして15回ほどもみほぐす。

Memo サブレ生地は室温が27℃くらいからゆるみはじめるため、26℃以下の室温で作業してください。

13

表面がつやっとしてなめらかになればOK。目分量で半分に分ける。

14

オーブンシート(25×35cm)1枚の中央に工作用紙(9×30cm)をのせ、三つ折りにして折り目をつける。

Memo この折り目をつけた間がサブレの幅になるので、しっかり折り目をつけましょう。

15

工作用紙をはずして半分にした生地を中央にのせ、片方のシートを折って手で軽くおさえる。

16

めん棒で反対側の折り目くらいまでのばす。

17

もう片方のシートを折って裏返し、両サイドに3mmのルーラーを置き、7割ほどめん棒でのばす。

Memo 力を入れて一気にのばしてしまうとオーブンシートが広がってしまうので、少しずつのばしましょう。

18

シートの手前を3cmほど下側に折り込んで角を作る。

19

下側をめん棒でのばして角まできっちりと生地をのばす。

20 長さが30cmほどになるように反対側のシートも折り込み、めん棒で形を整えたら冷凍庫に入れる。残り半分の生地も同様にのばし、冷凍庫で30分以上冷やす。このとき、生地はバットの裏などにのせる。

21 オーブンを180℃に予熱する。その間に生地を冷凍庫から出し、シートをはがす。端を切り落とし、工作用紙(3.5×9cm)を使って3.5cm幅にカットし、その都度天板に並べる。

Memo 生地の下がシートに貼りついていると、カットしたあと移動させづらくなるので必ずはがしてください。

22 170℃のオーブンで13～14分焼く。このとき、オーブンに入れて10分後に天板の前後を入れかえる。焼き上がったら天板からはずし、シルパンごと台の上で冷ます。

Memo 天板の向きを変えるときは、庫内の温度が下がらないよう、手早く行ってください。

ホワイトチョコの バタークリームを作る

下準備
・バターは常温に戻す。
・ラムレーズンは7割くらいを取り出し、ペーパータオルに広げて汁気を軽くふき取る。
・絞り出し袋をカップにセットする。

23 ボウル(15cm)にバターを入れ、泡立て器でほぐす。

24 小さいボウルにホワイトチョコを入れ、湯せん(弱火)にかけながらゴムべらで混ぜ、完全にとかす。

25 湯せんからはずし、ボウルの底に保冷剤を当てて25℃まで温度を下げる。

Memo 氷水に当てて冷ますと温度が急激に下がってダマができやすいので、保冷剤がおすすめです。

26 **23**のバターのボウルに**25**のホワイトチョコを加えて混ぜ、ラムレーズンの漬け汁を加えてさらに混ぜ、絞り出し袋に入れる。

仕上げる

27 焼いたサブレの半量を裏返しにする。**26**の絞り出し袋の先端を8mmカットして、裏返した面に絞り出し口をすりつけるようにして3本ずつ絞り出す。このとき周囲を5mmあける。

Memo 周囲をあけるのは、クッキーからクリームがはみ出すのを防いで食べやすくするためです。

28

レーズン12粒をクリームの上に並べ、再度クリームを中央に1本絞り出す。

29

残りのサブレ生地をかぶせ、手で軽く押して密着させる。

30

バットに並べ入れてもう1枚バットをのせ、冷蔵庫で冷やし固める。

Memo　バットをのせると重みで平らに仕上げられ、並べたときに高さがそろうので美しく見えます。

（保存）

密閉容器に入れて冷蔵庫で3〜4日間、ラップに包んで冷凍庫で2週間ほど。

Q. レーズンが苦手です。
他におすすめのドライフルーツはありますか？

ドライいちじくやアプリコットなどをラムレーズンの代わりにはさんでもおいしいです。

Q. ホワイトチョコレートを冷やす際の
保冷剤ががたがたして安定しません。
よい方法はありますか？

大きめの保冷剤に小さなボウルをのせたまま冷凍庫に入れて固めます。そうすると保冷剤にくぼみができ、安定してボウルをのせることができます。

Q. オーブンシートの上で生地をのばしたら、
広がって大きくなってしまいました。
もう一度生地をまとめ直してもいいですか？

まとめ直した生地は練りすぎになって、食感がやや劣ります。もし広がりすぎてしまった場合は、工作用紙（9×30cm）を当ててはみ出した部分をカットしてください。

Q. サブレはグラニュー糖でも作れますか？

グラニュー糖でも作れますが、粉糖のほうが表面をなめらかに仕上げられます。

Q. 食べごろはいつですか？

作った当日はサクサクッとしたサブレの食感を楽しめます。翌日以降は全体がなじみ、少ししっとりとしてそれもまたおいしくいただけます。

Q. ラムレーズンが余りました。
何かよい食べ方はありますか？

市販のバニラアイスに混ぜて食べるのがおすすめです。p.65の「コーヒーバタークリームのラムレーズンサンド」にも活用してみてください。

Wrapping Idea

ワックスペーパーを13cm角にカットして、レーズンサンドを中央に置く。上下左右を折りたたんでキャラメル包みにして、セロハンテープでとめる。（箱 W179×D119.5×H47.5㎜　HOSHINO）

サブレ生地を使って

レモンバタークリームサンド

レモンの風味が爽やかなバタークリーム。
イタリアンメレンゲを加えることで、
より軽やかな食感になります。
形を保ちやすいため、
星口金で絞ると見た目も華やかです。

作り方

1 〈サブレ生地〉p.18〜19の**4〜12**と同様に作る。

2 オーブンシート（25×35㎝）を2枚用意する。1枚のシートに生地を全量のせ、もう1枚のシートではさむ。3㎜のルーラーを両サイドに置いて生地をのばし、冷凍庫で30分冷やす。

3 生地を取り出し、直径6㎝の丸抜き型で抜く。抜き終わったら残りの生地を集め、再度3㎜にのばして冷凍庫で固める。全部で14枚抜いて、天板に並べる。

4 180℃に予熱したオーブンを170℃にして13〜14分焼く。このとき、オーブンに入れて10分後に天板の前後を入れかえる。

5 〈イタリアンメレンゲ〉ボウル（15㎝）に卵白を入れてぬれぶきんの上に置き、ハンドミキサーの高速で20秒ほど泡立てる。

6 手鍋（10㎝）に**A**を入れて弱めの中火にかけ、115℃になったら火から下ろす。

7 ハンドミキサーを中速で回しながら、**5**の卵白のボウルに**6**を注ぎ入れる（このときミキサーの羽根に当てないように注意）。高速に切りかえて1分ほど泡立てたら中速に戻し、常温まで冷ます。

8 〈レモンバタークリーム〉チョコレートを湯せんにかけてとかし、完全にとけたら、25℃まで温度を下げる（p.20の作り方**25**参照）。

9 ボウル（15㎝）にバターと塩を入れ、泡立て器でポマード状になるまで混ぜ、イタリアンメレンゲ30gを加えて混ぜる。

10 **8**を加えて混ぜ、レモンの皮をゼスターで削り入れて星口金をつけた絞り出し袋に入れる。

11 サブレの半量を裏返し、**10**のレモンバタークリームを絞り a、お好みのレモンピールやジャムをのせて b サンドする。

材料　直径6㎝の丸抜き型7個分

〈サブレ生地〉

「レーズンサンド」と同じ

〈イタリアンメレンゲ〉

卵白 …… 35g

A ｜ 水 …… 17g
｜ グラニュー糖 …… 50g

〈レモンバタークリーム〉

バター（食塩不使用）…… 60g（常温に戻す）

ホワイトチョコレート …… 50g

塩 …… 0.4g

イタリアンメレンゲ …… 30g

レモンの皮 …… 1/4個分

お好みのレモンピールやジャム …… 適量

フィナンシェ

Financier

ぜひ試していただきたいのが焼きたて10分後。カリッとした表面と中のふんわり感は格別です。

時間の経過とともにしっとり感が増し、味がなじんできます。

香りが出るまでしっかり焦がしたバターで、濃厚な味わいに仕上げましょう。

材料　直径4.5cmのマフィン型12個分

バター（食塩不使用） …… 80g

A 卵白 …… 80g
　　 グラニュー糖 …… 28g
　　 はちみつ …… 15g
　　 塩 …… ひとつまみ

B アーモンドパウダー …… 40g
　　 粉糖 …… 40g

C 薄力粉（ドルチェ） …… 35g
　　 ベーキングパウダー …… 1.5g

ポイントになる道具

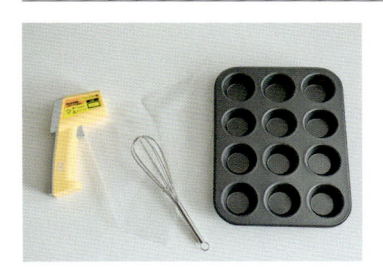

□ 温度計　□ 絞り出し袋　□ 泡立て器(小)
□ マフィン型(直径4.5cm／12個分)

下準備

・ フライパンに湯を沸かす（湯せん用）。
・ 型にバター（分量外）を指でたっぷりとぬる a。
・ カップに絞り出し袋をセットする。
・ オーブンは天板を下段に入れて、200℃に予熱する。

作り方の流れ

焦がしバターを作る
↓
材料を混ぜ、型に絞り出す
↓
190℃のオーブンで13分焼き、熱いうちに型から取り出す

1

焦がしバターを作る。小鍋にバターを入れ、弱めの中火にかけて小さめの泡立て器で絶えずかき混ぜながら、香ばしい茶色（浅煎りコーヒーくらい）になるまで加熱して火を止める。

Memo　色の確認をするときは、いったん火を止めましょう。

2

小さなボウルに茶こしをのせて**1**を流し入れる。

3

別のボウル（18cm）に**A**を入れて混ぜ、湯せんにかけて泡立て器でやさしく混ぜながら30℃まで温める。グラニュー糖とはちみつがなじめばいいので泡立てる必要はない。

4

3 に **B** をふるい入れ、泡立て器でやさしく混ぜる。

Memo 空気が入らないように混ぜます。空気がたくさん入ってしまうと、生地の表面が荒れて見た目が悪くなります。

5

さらに **C** をふるい入れ、なめらかになるまで混ぜる。

6

2 の焦がしバター(60℃)を加え、全体になじんでとろりとするまで静かに混ぜる。焦がしバターの温度が下がりすぎた場合は湯せんにかける。

Memo 焦がしバターの温度に気をつけて、生地を均一に乳化させましょう。

7

絞り出し袋に入れ、先端を 1cm 切って型の 7 分目まで絞り出したあと、残った生地を均等に絞り出す。

Memo ゆるい生地なので、絞り出し袋の口を手でつまみながら、出てくる生地の量を調整しましょう。

8

190℃ のオーブンで 13 分焼く。このとき、オーブンに入れて 10 分後に型の前後を入れかえる。

9

焼き上がったら、熱いうちに型から出して網にのせて冷ます。型から出すときは、フォークでひとつずつすくうと形がくずれず簡単に取り出せる。

保存

ラップに包んで常温で 2〜3 日。夏場は冷蔵庫へ。冷凍は保存袋に入れて 1 か月ほど。

Wrapping Idea

大きめにカットしたオーブンシートの中央に 2 個くらいをのせ、上下のペーパーで包んで両端をねじってキャンディ包みにする。

型を変えて焼く

フィナンシェと同じ生地を、違う型で焼くこともできます。
ボート型は先端のカリッとした食感を、
ベイキングカップはふんわりとした食感を楽しんでください。

〈ボート型（長さ10.8×高さ2㎝）約11個分〉
材料と作り方は「フィナンシェ」と同じ。

〈ベイキングカップ（直径6×高さ2㎝）約7個分〉
材料と作り方は「フィナンシェ」と同じ。ただし焼き時間は14分。このとき、オーブンに入れて10分後に天板の前後を入れかえる。

Q & A

Q. 焦がしバターが黒くなってしまいました。どの段階で火を止めたらいいのでしょうか？

液面に浮いている泡が薄茶色になってきたら火を止めます。その後、泡立て器で混ぜ続けながら、中の液体が香ばしい茶色になってきたのを確認してこしてください。余熱で色を入れていくと安心です。

Q. 焦がしバターを生地に混ぜ込む前に温度が60℃より下がってしまいました。

ボウルの底を湯せんにつけて温度を上げてください。温度が低い状態で加えると、乳化しにくくなって油っぽい生地になることがあるので注意してください。

Q. 生地を型に入れるとき、スプーンを使って流し込んでもいいですか？

大丈夫です。絞り出し袋が難しいときは、スプーンなら安心して入れられます。れんげを使ってもいいでしょう。

Q. 型にバターをぬって焼いたのですが、フィナンシェがくっついて取り出せません。

ゴムべらやパレットナイフでそっとはがしてください。くっついてしまう型の場合は、型にバターをぬったあと、冷蔵庫で5分ほど冷やして強力粉を茶こしでふり、余分な粉を払って使うまで冷蔵庫へ入れておくと安心です。

かぼちゃのキャラメルパウンドケーキ

Pumpkin Caramel Pound Cake

キャラメルでソテーしたかぼちゃを生地に混ぜ込むことで、
しっとりとコクのある深い味わいのパウンドケーキに仕上がります。
最後に打つシロップのラム酒の香りや、上にのせたかぼちゃの種の食感がアクセントです。

かぼちゃのキャラメルパウンドケーキ ｜ Pumpkin Caramel Pound Cake

材料　17×8×高さ6.4㎝のパウンド型1台分

〈かぼちゃキャラメル〉

A ┃ かぼちゃ（皮つき） ····· 120g（種とわたを取った正味）
　　＊1㎝角に切る（変色した皮は取り除く）。
　┃ 水 ····· 25g
　┃ はちみつ ····· 8g
グラニュー糖 ····· 40g

〈パウンド生地〉

バター（食塩不使用または発酵バター） ····· 100g

B ┃ きび砂糖 ····· 80g
　┃ 塩 ····· 0.2g

全卵 ····· 100g

C ┃ 薄力粉（ドルチェ） ····· 70g
　┃ 強力粉 ····· 40g
　┃ ベーキングパウダー ····· 2g
　┃ シナモンパウダー ····· 1g
　┃ ナツメグパウダー ····· 0.2g

かぼちゃキャラメル ····· 全量
かぼちゃの種 ····· 10g

〈シロップ〉

D ┃ 水 ····· 40g
　┃ グラニュー糖 ····· 20g

ラム酒 ····· 10g

ポイントになる道具

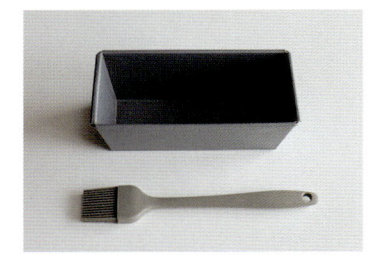

☐ パウンド型（17×8×高さ6.4㎝）　　☐ はけ

作り方の流れ

> かぼちゃキャラメルを作る
> ↓
> パウンド生地を作って、170℃のオーブンで45分焼く
> ↓
> シロップを作ってぬり、冷ます

かぼちゃキャラメルを作る

1 耐熱ボウルに**A**を入れてよく混ぜ合わせ、ラップをふんわりかけて電子レンジで3分加熱する。

2 フライパンにグラニュー糖を広げて入れ、中火にかける。きつね色になったら火を止め、フライパンを動かしながら余熱で濃いキャラメル色（濃口しょうゆくらいの色）にする。

　Memo　キャラメルは余熱で色を入れることで、温度が上昇しすぎるのを抑えます。温度が高すぎるとかぼちゃを加えたときに、温度差で飛びはねるので注意してください。

3 **1**のかぼちゃを加えて再度中火にかけ、ゴムべらでキャラメルと混ぜ合わせる。全体に軽くとろみがついたらバットに広げ、ラップを密着させて常温まで冷ます。

Memo　保存袋に入れて冷凍で1か月保存できます。

パウンド生地を作る

下準備

- バターと卵は常温に戻す。
- **C**は合わせてふるう。
- オーブンシートを型の底の幅に合わせてカットし、長さを25cmにカットする。型に入れ、両サイドを縁より1cm高くして外側に折る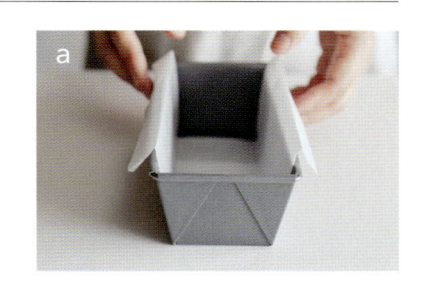a。シートがない短辺側にはバター（分量外）をぬる。
- オーブンに天板を入れて180℃に予熱する。

4

ボウル（18cm）にバターを入れ、ゴムべらでポマード状に練る。

Memo バターの温度が低くて混ぜにくいときは、ボウルの底を湯せんに一瞬つけて温めます（24℃くらい）。

5

Bを加えて全体がなじむまでよく混ぜ、泡立て器に持ちかえてしっかりとすり混ぜる（白っぽくなるまで混ぜなくてよい）。

6

全卵はよくといて湯せんにかけ、24℃にする。

Memo 24℃にするのは、バターと温度をそろえて乳化しやすくするためです。

7

5のボウルに**6**の全卵を大さじ1くらいずつ入れて泡立て器で混ぜる（計4回）→**C**の1/4量→残りの全卵を2回に分けて加え、その都度泡立て器でしっかり混ぜて乳化させる。最後に残りの**C**を加えて、ゴムべらでさっくりと6割方混ぜる。

Memo 乳化の目安は生地が泡立て器にぎゅっと絡まり、弾力を感じたところです。途中で粉を加えるのは乳化した状態を保ちやすくするためです。

8

かぼちゃキャラメルを加えて、ゴムべらでかぼちゃを軽くつぶしながら混ぜる。生地全体がきれいな薄キャラメル色になり、ツヤが出てきたら混ぜ終わり。

9

型に生地を入れ、ゴムべらで両サイドをすり上げて中央を低くする。

Memo 中央を低くするのは生地の中心に火が入りやすくするためです。

10

台にぬれぶきんを敷いて型を15cmほど上から4〜5回落として生地の中の余分な空気を抜き、かぼちゃの種を散らす。

11

170℃のオーブンで45分焼く。このとき、オーブンに入れて15分後に表面が焼き固まってきたらいったん取り出し、ペティナイフで中央に切れ目を入れる。再びオーブンに入れて30分ほど焼く。

シロップをぬって仕上げる

12

11が焼き上がる3分前にシロップを作る。小鍋に**D**を入れて中火にかけ、沸騰したら火を止めてラム酒を加えてゴムべらで混ぜて溶かす。

13

11に竹串を刺して、生の生地がついてこなかったら焼き上がり。

14

オーブンシートがない2辺にナイフを入れ、両サイドのシートを持ち上げて網にのせる。

15

熱いうちに側面と上面に**12**のシロップ全量をはけでたっぷりぬり、生地に染み込ませて冷ます。すぐに食べてもおいしいが、翌日のほうが味がなじんで食べごろ。

（保存）

ラップに包んで冷蔵で3〜4日間。カットしてガス袋に入れ、シーラーで密閉して冷凍で約1か月。

型を変えて焼く

かぼちゃのマフィン

マフィンカップで焼くと冷ます時間が短く、カットもしなくていいので、
おやつや手みやげなどに活躍します。
ナッツやシュトロイゼルを加えて食感や味わいに変化をつけました。

材料　直径7cmのマフィン型6個分

生地は「かぼちゃのキャラメルパウンドケーキ」と
同じですが、薄力粉は110gにし、強力粉は使いません。

〈トッピング〉

ナッツ（くるみやピーカンナッツなど）…… 適量
シュトロイゼル（p.35参照）…… 適量

下準備

・ マフィン型にグラシン
　カップを入れる a。

作り方

1　p.30～31の **1**〜**8** と同様に作る。

2　絞り出し袋に生地を入れ、先端を2cmほどカットし
　て型に均等に絞る。

3　ナッツとシュトロイゼルをトッピングして、170℃
　のオーブンで25分焼く。

Q & A

**Q. パウンド生地は
ハンドミキサーでも作れますか？**

作れます。でも最初は乳化の感覚を手で感じられる
ように泡立て器で作るのがおすすめです。

**Q. きび砂糖ではなく
グラニュー糖でもいいですか？**

グラニュー糖でも大丈夫です。コクのあるきび砂糖
に比べて、すっきりとした味わいになります。

**Q. ナツメグパウダーがないときは、
入れなくてもいいですか？**

ナツメグパウダーが入ることで奥行きのある味わい
になりますが、シナモンパウダーのみでもおいしい
です。

**Q. 薄力粉と強力粉を使うのはなぜですか？
薄力粉だけでも作れますか？**

今回はやや弾力のあるパウンドケーキに仕上げるた
めに、強力粉と合わせました。薄力粉だけで作ると
ふわっとした食感の生地に仕上がります。

チェリーのチーズケーキ

Cherry Cheesecake

とろけるような食感のチーズクリームに、アーモンドの香りとさっくりとした食感のシュトロイゼルを合わせました。
バルサミコ酢でソテーしたアメリカンチェリーのコクをプラスしてワンランク上の味わいに。
アメリカンチェリーの代わりに、いちごやいちじくでもおいしくできます。

材料　直径6.5cmのセルクル6個分

〈シュトロイゼル（土台のクッキー）〉　1個あたり20g使用

A
薄力粉（エクリチュール）…… 33g
グラニュー糖 …… 30g
アーモンドパウダー …… 30g

バター（食塩不使用）…… 30g

〈チーズクリーム〉

クリームチーズ …… 100g
＊フィラデルフィアを使用。
グラニュー糖 …… 35g
水きりヨーグルト（100gを水きりする）…… 40g
＊ギリシャヨーグルトでもよい。
生クリーム（乳脂肪分42%）…… 90g
キルシュ酒 …… 4g

〈チェリーのバルサミコソテー〉　1個あたり15g使用

アメリカンチェリー（またはさくらんぼ）…… 120g
グラニュー糖 …… 15g
バター（食塩不使用）…… 5g
バルサミコ酢 …… 5g

〈仕上げ用シャンティ〉

B
生クリーム（乳脂肪分42%）…… 50g
グラニュー糖 …… 5g
キルシュ酒 …… 1g

粉糖（溶けないタイプ）…… 適量
アメリカンチェリー（またはさくらんぼ）…… 12粒ほど

ポイントになる道具

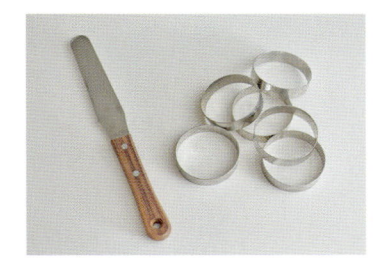

☐ セルクル（直径6.5×高さ1.6cm）
☐ パレットナイフ（28cm長さで刃渡り15cm）

作り方の流れ

ヨーグルトの水きりをする
↓
シュトロイゼルを作る。粉類にバターを混ぜ込んで冷やし、セルクルに入れて170℃のオーブンで20分焼く
↓
チーズクリームを作ってセルクルに絞り出し、冷凍庫に2時間入れる
↓
チェリーのバルサミコソテーを作り、冷ます
↓
仕上げ用シャンティを作り、シュトロイゼル、チェリーのバルサミコソテー、チーズクリーム、仕上げ用シャンティの順に重ねる。粉糖をふってチェリーをのせる

シュトロイゼルを作る

下準備

・バターは1cm角に切って冷蔵庫で冷やしておく。
・粉類も冷蔵庫で冷やしておく。
・天板にシルパンを敷く。
・オーブンは180℃に予熱する。

1
ボウル（18cm）に **A** を入れ、泡立て器で混ぜ合わせる。

Memo　粉類は冷やしておくとバターがとけにくいです。この後の作業のために、もう片方の手にゴム手袋をしておきましょう。

2
冷やしたバターを加え、カードで細かく刻む。

3

指で押しつぶす→カードで刻む、を
手早く繰り返す。

Memo バターを手で触っていると、どんど
んやわらかくなってとけるので、作業は手
早く行ってください。

4

全体がしっとりとして、手で握ると
ひとまとまりにできるようになった
ら終了。

5

カードで全体をほぐし、ボウルを両
手で持って横にゆすって回し、生地
の表面に丸みをつける。ラップをし
て冷蔵庫で30分冷やす。

Memo 冷凍庫で固めてから保存袋に入れ
て、冷凍で1か月保存できます。使うときは
冷凍のままセルクルに敷き込みます。

6

天板にセルクルを間隔をあけて6個
並べる。

7

セルクルにスプーンで**5**を大小の粒
をランダムに20gずつ入れて平らに
し、スプーンの背で軽く押さえる。

8

170℃のオーブンで20分、おいしそ
うなきつね色になるまで焼く。

9

オーブンから出して5分ほどおき、
セルクルをはずす。粗熱が取れるま
で天板の上でそのまま冷ます。

Memo 焼きたてはこわれやすいので、冷め
るまで天板にのせておきます。ここで使っ
たセルクルは洗ってきれいにふき、チーズ
クリームの下準備で使います。

チーズクリームを作る

下準備

・クリームチーズは使用する直前にボウル(18cm)に入れ、常温で10分戻す。

　Memo 常温で戻しすぎると、クリームがゆるんでしまうので注意してください。

・ヨーグルトはざるにペーパータオルを敷いて一晩水きりする。

・バットにラップを敷いて、間隔をあけてセ
ルクルを並べる a。

　Memo セルクルどうしがくっついていると、クリー
ムをすりきる工程がやりにくいので注意しましょう。

・絞り出し袋をカップにセットする。

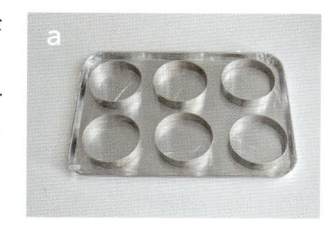

10 ボウル（15cm）に生クリームを入れてハンドミキサーの中速で七分立て（持ち上げたとき筋が残るくらい）にし、冷蔵庫に入れておく。

11 クリームチーズはゴムべらでボウルの壁面にこすりつけるようにしてダマのない状態にする。

12 グラニュー糖を加えてさらにゴムべらでボウルの側面にこすりつけるようにしながらダマをつぶしていく。

Memo グラニュー糖が加わることでクリームチーズがよりなめらかになり、混ぜやすくなります。

13 水きりヨーグルトを2回に分けて加え、泡立て器に持ちかえてなめらかになるまでしっかりと混ぜる。キルシュ酒も加えて混ぜ合わせる。

Memo 泡立て器についたクリームチーズはダマになりやすいので、ゴムべらで取りながら行ってください。

14 **13**に**10**の1/3量を入れて泡立て器で混ぜる。

15 残りの**10**を加えて泡立て器で軽く混ぜ、ゴムべらに持ちかえてなめらかになるまでやさしく混ぜ合わせ、絞り出し袋に入れる。

16 絞り出し袋の先端を1cm切ってセルクルの1/3まで絞り出し、スプーンの背で型の側面にこすりつける。

Memo この作業をすることで、側面に空洞ができることを防ぎ、きれいにクリームを詰めることができます。

17 残りのクリームをセルクルいっぱいまで絞り出してパレットナイフですりきり、冷凍庫へ2時間ほど入れる。

チェリーの バルサミコソテーを作る

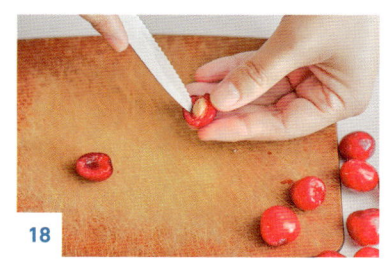

18

チェリーは縦に切り目を入れてねじって種を取り出し、8等分にする。

Memo チェリーは種つきで120gくらいを用意。種を取るとだいたい100gになります。

19

フライパンにグラニュー糖を入れ、中火にかける。薄いきつね色になったら火を止めてバターを加え、ゴムべらで混ぜる。

Memo キャラメルが濃くなってしまうと苦みが強くなるので、注意しましょう。

20

チェリーを加えてよく混ぜ、バルサミコ酢を加えて弱めの中火でやさしく混ぜる。

Memo バルサミコ酢が入ってからは焦げやすいので注意してください。水分が少なくなったら火を弱めましょう。

21

ゴムべらで実をくずさないようにやさしく混ぜながら、弱めの中火で3分ほど煮詰める。

22

全体がとろっとしてきたら火を止め、バットに移して冷ます。

Memo 密閉容器に入れて冷蔵で3日間、冷凍で1か月保存できます。

シャンティを作って 仕上げる

23

ボウル（15cm）に **B** を入れて、ボウルの底を氷水に当てながらハンドミキサーの中速で六分立て（クリームの筋がすぐに消えるくらい）にする。

24

泡立て器に持ちかえて七分立てにする。

Memo ハンドミキサーだと泡立てすぎてしまうため、泡立て器に持ちかえます。七分立ては、もったりとして重いがツノが立たず、筋が残るくらいのかたさです。

25
9のシュトロイゼルの上に**22**のチェリーのバルサミコソテーをスプーンで約15g（大さじ1ほど）ずつのせる。

Memo　シュトロイゼルの底生地はくずれやすいので底から持ってください。

26
冷凍した**17**のチーズクリームのセルクルの側面を手で温めて**25**の上にのせ、指で押してセルクルを引き抜く。

Memo　シュトロイゼルにのせてからセルクルを抜くと、側面に指の跡がつきません。

27
24の仕上げ用シャンティをティースプーン1杯ほどのせ、縁ぎりぎりまでスプーンの背でのばす。

28
粉糖を茶こしでふる。

Memo　茶こしで粉糖をすくい2度ほどふり出してからケーキの上にかけます。こうすると粉糖がケーキにどさっと落ちるのを防げます。

29
カットしたチェリーをのせる。

Memo　まだ凍った状態なので、冷蔵庫で2時間解凍したあとが食べごろです。

Q&A

Q. チーズクリームで使う生クリームですが、乳脂肪分35％のものでも大丈夫でしょうか？

大丈夫ですが保型性が弱くなります。使用する場合はゼラチン1.5gを水6gでふやかし、作り方**13**のチーズクリームを大さじ1加えて湯せんでとかしてください。完全にとけたら作り方**13**の最後に加え混ぜ、その後作り方**14**に進みます。

Q. チェリーのチーズケーキは持ち歩いてもくずれませんか？

チーズケーキはやわらかいので、暑い季節の持ち運びには向いていません。もし手みやげに持ち運ぶなら、アレンジでご紹介しているカップチーズケーキ（p.41）がおすすめです。

Q. 上にのせたクレーム・シャンティが下に流れてきてしまいました。

泡立て方がゆるすぎたことが原因でしょう。流れる場合はもう少しだけ泡立て直してみてください。心配ならクレーム・シャンティを八分立てにして星口金をつけた絞り出し袋に入れ、チーズクリームの上に絞ると流れる心配がありません。

Q. いちごやいちじくで作る場合、ソテーはどのようにしますか？

いちごやいちじくで作る場合は、それぞれ100gを7mm角にカットしてください。残りの材料と作り方は「チェリーのバルサミコソテー」と同じです。

型と仕上げを変える

直径12㎝のチーズケーキ

最後にシャンティに粉糖をふって仕上げると、
ふんわりとしたやさしい表情に。
動きのあるシャンティのぬり跡を残してラフに仕上げます。

材料　直径12×高さ2㎝のセルクル1個分

材料は「チェリーのチーズケーキ」と同じですが、直径12
㎝のチーズケーキでは材料が余ります。余った分でp.34
の「チェリーのチーズケーキ」が2個できます。

シュトロイゼル …… 80g
チェリーのバルサミコソテー …… 50g
チーズクリーム …… 165g
仕上げ用シャンティ …… 20g
粉糖(溶けないタイプ) …… 適量

作り方

1　シュトロイゼルはp.35〜36の**1**〜**5**と同様に作り、
シルパンにのせたセルクルに詰めて170℃のオーブ
ンで25分焼く。

2　チェリーのバルサミコソテーはp.38の**18**〜**22**と
同様に作る。

3　チーズクリームはp.36〜37の**10**〜**15**と同様に作り、
16〜**17**の要領で直径12㎝のセルクルに入れ、冷凍
庫に2時間ほど入れる。

4　**1**の上に**2**を広げ、セルクルをはずして**3**をのせる。
はずれにくいときは温かいぬれぶきんでセルクルの
まわりを温める。

5　仕上げ用のシャンティはp.38の**23**〜**24**と同様に
作る。スプーンで**4**にのせてぬり広げ、スプーンの
背で半円を描きながら模様をつけて、粉糖をかける。
Memo　冷蔵庫で2〜3時間解凍したあとが食べごろです。

カップチーズケーキ

カップにチーズクリーム、バルサミコソテー、
シュトロイゼルを層にして仕上げます。
カップに入れると安心して持ち運べるので手みやげにぴったりです。

材料　160mLのカップ4個分

「チェリーのチーズケーキ（〈仕上げ用シャンティ〉を除く）」と
同じ。

作り方

1　シュトロイゼルはp.35〜36の **1〜5** と同様に作り、
オーブンシートを敷いた天板にまんべんなく広げて
170℃のオーブンで約20分焼く。

2　チェリーのバルサミコソテーはp.38の **18〜22** と
同様に作る。

3　チーズクリームはp.36〜37の **10〜15** と同様に作り、
カップの半分くらいまで絞り出して、**2→1** の順に
のせる。仕上げに粉糖をふる。

シュークリーム
Cream Puff

クッキー生地をのせたシュー生地はサクッと軽い口当たりに焼き上がります。
生地を冷凍しておけば、焼くときに安定して膨らみ、いつでも焼きたてを楽しむことができます。
できたてシュークリームを食べられるのは手作りならではの贅沢です。

材料　直径4.5cm 11個分

〈クッキー生地〉　15個分

バター（食塩不使用）…… 25g
きび砂糖 …… 30g
薄力粉（ドルチェ）…… 30g

〈シュー生地〉　11個分

A
　水 …… 45g
　牛乳 …… 45g
　バター（食塩不使用）…… 35g
　塩 …… 1g
　グラニュー糖 …… 1g

薄力粉（ドルチェ）…… 50g
全卵 …… 90g

〈カスタードクリーム〉

牛乳 …… 210g
バニラビーンズ …… 1/4本（またはバニラペースト2g）
卵黄 …… 37g
グラニュー糖 …… 37g

B
　コーンスターチ …… 5g
　薄力粉（ドルチェ）…… 10g

バター（食塩不使用）…… 10g

〈クレーム・ディプロマット（クリーム）〉　5〜6個分

生クリーム（乳脂肪分35〜36％）…… 100g
カスタードクリーム …… 全量

粉糖（仕上げ用）…… 適量

Memo　クッキー生地、シュー生地、クレーム・ディプロマット（クリーム）は作りやすい分量になっています。クッキー生地は冷凍できるので必要な分を使ってください。クレーム・ディプロマット（クリーム）は11個分なら材料を倍量にして作ってください。カスタードクリームで残った卵白は保存袋に入れて冷凍しておきましょう。

ポイントになる道具

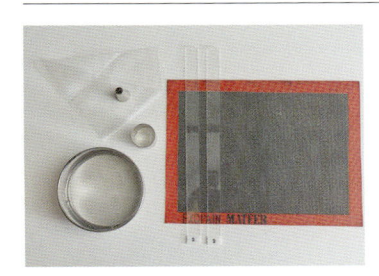

☐ 絞り出し袋　　☐ 丸口金（口径1.2cm）　　☐ シルパン
☐ ルーラー（2mm）　　☐ 丸抜き型（直径4.5cm）　　☐ 裏ごし器

作り方の流れ

2日を目安にして作ります

1日目
クッキー生地を作って冷凍庫で冷やし固める
↓
シュー生地を作って絞り出し、冷凍庫で冷やし固める

2日目
シュー生地を170℃のオーブンで40分焼く
↓
カスタードクリームを作って一気に冷ます
↓
クレーム・ディプロマットを作ってシューに絞り出し、粉糖をふる

クッキー生地を作る

下準備
・ バターは常温に戻す。
・ オーブンシートを30cm角に切る。

1
ボウル（15cm）にバターを入れてゴムべらでほぐし、きび砂糖を加える。ボウルの側面にゴムべらをこすりつけるようにして、なめらかなペースト状になるまですり混ぜる。

2
薄力粉をふるい入れ、粉っぽさがなくなるまですり混ぜる。

3
30cm角にカットしたオーブンシートに**2**をのせて折りたたみ、両サイドに2mmのルーラーを置いてめん棒でのばす。シートごと冷凍庫に入れて冷やし固める。

Memo このとき、バットの裏など平らな面にのせて冷凍庫に入れましょう。

シュー生地を作る

下準備
・ 薄力粉はふるう。
・ バターと全卵は常温に戻し、卵はときほぐしておく。
・ 絞り出し袋に口径1.2cmの丸口金をつけてカップにセットする。

4
手鍋に**A**を入れ、中火にかける。

Memo 火にかける前に、炊き上がった生地を入れるボウルやとき卵を準備しておくとスムーズに作業ができます。

5
沸騰したら火を止め、すぐに薄力粉を加えて木べらで手早く混ぜる。

Memo 粉を均一に混ぜることで、ダマのない生地ができます。

6
粉っぽさがなくなったら再度中火にかけ、木べらを親指を下にして持ち、力強く鍋の側面にこすりつけながら15秒ほど練って火を入れていく。

7
生地にツヤが出て、鍋の底に薄い膜が張ったら火を止め、ボウルに移す。

Memo 鍋の底に貼りついている生地は、ダマができる原因になるので、こそげ取らないでください。

8

全卵の1/3量を加えて木べらで切るようにして混ぜ、なじんだら残りの1/2量を加えて同様にして混ぜる。最後に残り全量を加えてぐるぐる混ぜる。

Memo シュー生地は冷えるとかたくなるので、全卵は常温に戻しておきましょう。

9

木べらで生地を持ち上げたとき、きれいな逆三角形に落ちてくれば完成。絞り出し袋に入れる。

Memo すぐに絞らない場合は、ぬれぶきんをかけておきましょう。

10

バットを裏返してラップを敷き、丸抜き型に強力粉（または薄力粉）をつけて印を11個つける。

Memo ここで使ったバットのサイズは、18×25×高さ1cmです。

11

印をガイドにして**9**を直径4.5cmに絞り出す。このとき口金を高さ1cmくらいで固定したまま4.5cmになるまで絞り出す。

12

指で表面に水をぬってならす。

13

3のクッキー生地を取り出し、シートをはがして丸抜き型で抜いて**12**にのせる。冷凍庫で半日ほど冷やし固める。

Memo ラップに包んで保存袋に入れ、冷凍で1か月保存できます。

2日目

シュー生地を焼く

下準備

・ 天板にシルパンを敷く。
・ オーブンは180℃に予熱する。

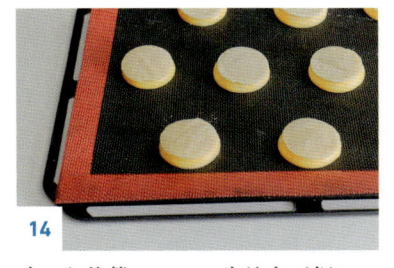

14

凍った状態のシュー生地を天板にのせ、170℃のオーブンで40分焼く。このとき、オーブンに入れて30分後に天板の前後を入れかえる。

Memo シルパンで焼くと、網の目状の部分に生地がくっつくので横に広がらず、上にのびて高さのある焼き上がりになります。

15

焼き上がったら、熱いうちにシュー生地とシルパンの間にパレットナイフを差し込んではがし、網の上で冷ます。

Memo 焼き上がってすぐがはがれやすいです。熱いので軍手をして作業することをおすすめします。

カスタードクリームを作る

16
手鍋に牛乳を入れる。バニラビーンズはナイフで切り目を入れ、ナイフの背で種をしごき出してさやごと手鍋に加え、中火にかける。

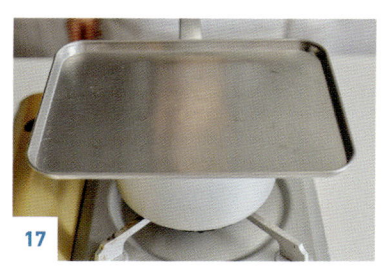

17
沸騰直前で火を止め、バットで蓋をして2分間蒸らす。

Memo 沸騰直前は湯気が出て鍋のまわりに小さな泡がふつふつと出てきた状態（約80℃）。蒸らすことで牛乳にバニラの香りを移します。

18
ボウル（15cm）に卵黄を入れて泡立て器で軽くほぐし、グラニュー糖を加えて少し白っぽくなるまですり混ぜる。

19
Bをふるい入れて泡立て器で混ぜ、**17**の1/3量を加えてよく混ぜる。混ざったら残りの**17**を加えてよく混ぜる。

20
あいた手鍋に**19**をこし器でこして戻し、中火にかける。

Memo ここでこして、バニラビーンズのさや、薄力粉のダマなどを取り除きます。

21
泡立て器でしっかり混ぜながら、とろみがつくまで炊く。

Memo 力強くしっかりと混ぜましょう。混ぜ方が弱いと、焦げたりダマができる原因になります。

22
初めはぽてっとした状態になり、そのまま火を入れていくと、次第にさらさらした状態に変化する。ツヤが出て泡立て器で持ち上げたとき、さらっと流れるようになったら火を止め、バターを加えて混ぜる。

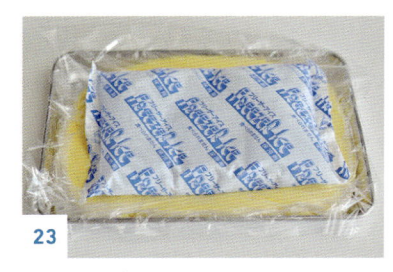

23
ラップを敷いたバットに流し入れて、上にもラップをして密着させ、保冷剤をのせて一気に冷ます。

Memo 一気に冷ますのは雑菌を繁殖させないためです。

クレーム・ディプロマットを作って絞る

下準備
・ 絞り出し袋をカップにセットする。

24

ボウル（15cm）に生クリームを入れ、ハンドミキサーの中速で九分立て（ピンとツノが立つ）にする。

Memo 泡立てがゆるいと、カスタードクリームと合わせたときにクリームがゆるむので、しっかり泡立てましょう。

25

別のボウル（18cm）に裏ごし器をのせ、**23**のカスタードクリームを入れてゴムべらで裏ごしする。ゴムべらで押しつぶして手前に引くと早くできる。

26

25のボウルに**24**の1/3量を加えてゴムべらでよく混ぜる。

27

残りの**24**を加えてさっくりと混ぜ合わせる。

Memo 少しムラがある状態でOKです。混ぜすぎるとクリームがだれるので注意してください。

28

絞り出し袋に入れる。

29

15のシューの底に、箸などで1.5cmくらいの穴をあける。

30

28の絞り出し袋の先端を1cmほど切って、クリームが穴から少し出てくるまで中に絞り出す。

31

茶こしで粉糖をふる。

Wrapping Idea

18cm角にカットしたワックスペーパーにのせ、
両端をキャンディのようにねじる。

Q. シュー生地を作るとき、
バターを常温に戻すのはなぜですか?

毎回安定した生地を作るためには、沸騰と同時にバターがとけることが大切です。冷たいかたまりのバターだと沸騰したときに完全にとけきりません。そのため、常温に戻しておきます。もし忘れた場合は1cm角に切るととけやすくなります。

Q. シュー生地は冷凍しなくても
焼くことができますか?

一般的には冷凍しないで焼くことが多いと思います。冷凍しない場合は、シルパンではなく、天板にオーブンシートを敷いて絞り出すのがおすすめです。また絞るときは生地が横に広がるため、隣どうしを5cmほどあけましょう。オーブンの温度や焼き時間は同じです。

仕上げを変えて

ダブルシュークリーム

濃厚なカスタードクリームとまろやかなクレーム・シャンティの二層仕立てにしたシュークリーム。
シュー生地の中から顔をのぞかせるふわっとしたクリームに、
思わず手が伸びてしまいます。

シュークリーム │ Cream Puff

材料　5個分

クッキー生地、シュー生地、カスタードクリームは
「シュークリーム」と同じ。

〈クレーム・シャンティ〉

A ┃ 生クリーム（乳脂肪分42％）…… 125g
　 ┃ グラニュー糖 …… 10g

作り方

1　p.44〜46と同様に作る。

2　シュー生地の上部1/3を底と水平にカットする。

3　裏ごししたカスタードクリームを下部の縁ぎりぎり
　　まで絞る。

4　〈クレーム・シャンティ〉ボウルに**A**を入れ、ハンドミ
　　キサーの中速で九分立て（しっかりツノが立つ）にする。

5　星口金（10切8番）をつけた絞り出し袋に**4**を入れ、**3**
　　の上にぐるぐる渦を巻くように円錐状に絞り出す。
　　2の上部を立てかけてのせる。

具材をはさんで

シューサンド

卵や生ハムなどをはさんで作るシューサンド。
ふわっと軽いシュー生地が、具材のおいしさを引き立てます。
ころんとしたかわいらしい見た目は、パーティにぴったりです。

材料　20個分

シュー生地 …… 「シュークリーム」と同じ
具材（マヨ玉、生ハム、カマンベールチーズ、
　　　スモークサーモン、トマト、ディル）…… 各適量
＊マヨ玉はゆで卵2個をフォークでつぶして塩、砂糖各ひとつまみ、
　　こしょう適量、マヨネーズ大さじ1と1/2を加えて混ぜる。

作り方

p.44〜45の**4**〜**9**まで同様にして作り、直径4cmに絞り
出して170℃のオーブンで30分焼く。冷めたら上部1/3
に切り込みを入れ、具材をサンドする。

金柑とチョコレートのロールケーキ

Chocolate Swiss Roll with Kumquat

さわやかな香りにほのかな苦みを感じる金柑は、チョコレートと相性抜群です。
厚めに焼いたココアロール生地は、ふんわり＆しっとりとした食感。
濃厚なチョコクリームとジューシーな金柑とのコントラストを楽しんでください。

材料　約25cm長さ1台分（28cm角のロールケーキ型）

〈金柑のコンポート〉

A 金柑（横半分に切ってヘタと種を取り除く）…… 250g（正味）

　＊金柑は保存袋に入れて空気を抜いて冷凍する。冷凍することで果肉の組織がこわれ、水分も出やすくなる。

　グラニュー糖 …… 85g

　はちみつ …… 10g

　レモン果汁 …… 7g

　水 …… 125g

〈チョコクリーム（ガナッシュ・モンテ・ショコラ）〉

チョコレート（カカオ分65％前後）…… 55g

生クリーム（乳脂肪分35％）…… 55g + 145g

はちみつ（または水あめ）…… 6g

〈ココアロール生地〉

卵白 …… 4個分

微粒子グラニュー糖 …… 60g + 20g

卵黄 …… 4個分

太白ごま油 …… 20g

熱湯 …… 約40g

薄力粉（特宝笠）…… 35g

ココアパウダー（無糖）…… 25g

〈仕上げ〉

金柑のコンポート

　巻き込み用 …… 70g

　飾り用 …… 適量

カカオニブ（飾り用）…… 適量

ポイントになる道具

- □ ロールケーキ型（28cm角、高さ1.9cm）
- □ 筋入りクラフト紙＊
    （30cm角に切る＝型用、30×40cmに切る＝巻き用）
- □ パレットナイフ（28cm長さで刃渡り15cm）
- □ 定規（30cm程度）

＊ 筋入りクラフト紙が手に入らない場合はオーブンシートで代用してもよい。

作り方の流れ

2日を目安にして作ります

1日目

金柑のコンポートを作る

↓

チョコクリームを作り、冷蔵庫で4時間～一晩休ませる

2日目

ココアロール生地を作る。材料を混ぜ、180℃のオーブンで14～15分焼いて冷ます

↓

チョコクリームをぬって金柑のコンポートをのせ、巻いて冷蔵庫で1時間以上休ませる

↓

チョコクリームをぬってカットし、金柑のコンポートとカカオニブを飾る

金柑とチョコレートのロールケーキ｜Chocolate Swiss Roll with Kumquat

1日目

金柑のコンポートを作る

1 鍋に**A**を入れ、中火にかける。沸騰したら少し火を弱め、クツクツと金柑が揺れるくらいの火加減でときどき混ぜながら、やわらかくなるまで15～18分煮る。アクが出たら取り除く。

　Memo　水分（シロップ）は煮上がったときに金柑が浮かぶくらい残ります。

2 火を止めてそのまま冷まし、密閉容器に移して冷蔵庫に入れる。

　Memo　冷蔵で5日間、冷凍で1か月保存できます。

チョコクリームを作る

下準備

- チョコレートは保存袋に入れて、めん棒で
たたいて5mm角くらいに砕き a（またはナイフ
で刻む）、ボウル（15cm）に入れる。

3

耐熱カップに生クリーム55gとはち
みつを入れ、ラップをしないで電子
レンジで50秒加熱して沸騰させる
（あふれないように注意する）。

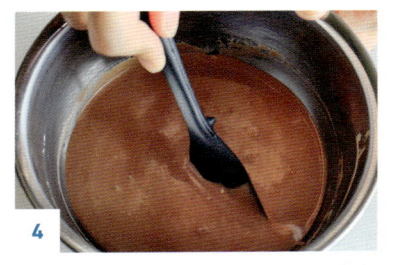

4

チョコレートを入れたボウルに**3**を
加え、泡立て器で混ぜてチョコレー
トを完全にとかす。生クリーム145g
を2回に分けて加え、その都度よく
混ぜ、ゴムべらで底から返すように
してしっかりと混ぜ合わせる。

5

ラップを密着させて、冷蔵庫で4時
間〜一晩休ませる。

Memo ラップをクリームに密着させるこ
とで、ラップの内側に水滴がつくのを防ぎ、
衛生的に保存できます。3日以内に使いき
りましょう。

2日目

ココアロール生地を作る

下準備

- 卵白は21cm、卵黄は18cmのボウルに入れ、ラップをして冷蔵庫に入れておく。
- 薄力粉とココアパウダーは合わせてふるう。
- ロールケーキ型に筋入りクラフト紙（30cm角）を敷く。つるつるの面を上にし
  て、角に切り込みを入れて折り込む a。
- オーブンに天板を入れて200℃に予熱する。

6

小さいボウルに太白ごま油を入れ、湯せんにかけて約50℃に温める。

Memo **9**で加えるお湯をこのタイミングで沸かしはじめておきましょう。

7

メレンゲを作る。卵白のボウルにグラニュー糖60gを入れ、ハンドミキサーの高速で2分ほど泡立てる。全体にボリュームが出てツノが立ったら、低速で30秒泡立て、気泡を整える。

Memo ハンドミキサーの羽根はそのまま**8**で使うので洗わなくて大丈夫です。

8

卵黄のボウルにグラニュー糖20gを入れ、ハンドミキサーの中速でやや白っぽくなるまで泡立てる。

9

6の太白ごま油を加えて泡立て器でよく混ぜる。沸かしたお湯を40gはかって加え、混ぜ合わせる。

Memo ここで加えるお湯は80℃くらいがベスト。熱湯を容器に入れてからはかると、ちょうど80℃くらいになります。

10

ふるった粉類を加え、泡立て器で粉っぽさがなくなるまで混ぜ合わせる。

11

7のメレンゲをゴムべらで軽くほぐし、**10**に1/3量を加えて泡立て器でしっかりと混ぜる。

Memo メレンゲは時間がたつとダマになりやすいため、混ぜ合わせる直前に軽くほぐしましょう。

12

残りのメレンゲの半量を加えて泡立て器で8割方混ぜ合わせ、メレンゲのボウルに戻し入れる。

Memo 時間がかかると生地の気泡がどんどんつぶれてしまいます。ボウルを傾けてゴムべらで生地を1か所に集めながら手早く戻し入れましょう。

13

12を泡立て器で15回、大きく混ぜ合わせる。

14

メレンゲのダマがなくなったら、ゴムべらで20回、さっくりと混ぜる。

15

ロールケーキ型に気泡をつぶさないように低い位置から流し入れる。

16

カードで表面を手早く平らにならす。四方に向かってカードを動かし、隅まで生地を入れ込み、型ごと軽くゆすって全体をならす。

17

台にふきんを敷き、**16**を10cmほどの高さから一度だけ落として生地の表面の大きな気泡をつぶす。

18

180℃のオーブンで14〜15分焼き、取り出してふきんを敷いた台に10cmほどの高さから落とす（焼き縮みを防ぐため）。

19

紙ごと台に取り出し、表面が乾かないようにラップをかけて冷ます。

仕上げる

下準備

・ 金柑のコンポートは5mm角に刻む。
・ 工作用紙を3×8cmに切る。

20

5のチョコクリームを冷蔵庫から出してハンドミキサーの中速で九分立て（ツノが立つ）にし、外ぬり用の50gを取り分けて冷蔵庫に入れておく。

21

19の生地をラップごとひっくり返し、紙をはがす。

Memo 　紙をはがすときは、まず4辺の端部分をはがしてから全体をはがしましょう。そのまま一気にはがすと、生地が破れる可能性があります。

22 巻き用のクラフト紙を**21**にのせ（右図参照）、ひっくり返してラップをはがす。このときラップに生地がついてしまってもよい。

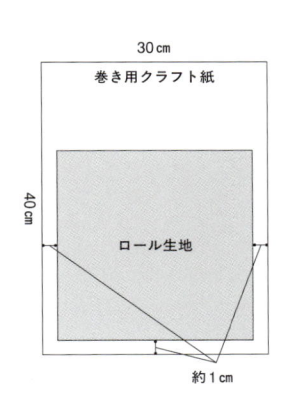

30 cm

巻き用クラフト紙

40 cm

ロール生地

約1 cm

23 **20**のチョコクリームを9か所くらいに分けてのせ、パレットナイフでぬり広げる。巻き終わり部分は少し薄めにする。

巻き終わり部分

Memo パレットナイフは大きく動かしましょう。クリームを触りすぎないことで、よい状態で全体に広げることができます。クラフト紙ごと生地を回すとぬりやすくなります。

24 巻き込み用の金柑のコンポートを全体にまんべんなくのせる。

25 手前を2cmほど折って芯を作る。

Memo このとき多少生地が割れてしまっても気にしなくて大丈夫です。

26 斜め上に紙を持ち上げるようにしながら、ゆっくりと巻く。

27 巻き終えたら下の紙を手で押さえながら、上側の紙の上から定規を手前に押し込み、巻きを締める。

28 紙がピンと張った状態をキープしながら、セロハンテープを貼って固定する。巻き終わりを下にして上面にボールペンで印をつける。

29 ラップで包み、両端をねじってセロハンテープでとめる。冷蔵庫で1時間以上休ませる。

Memo 休ませるのは1時間でもいいのですが、6～12時間しっかり休ませると生地とチョコクリームがいっそうなじんでしっとり感が増します。

30

ラップと紙をはずし、**20**で取り分けた外ぬり用のチョコクリームをパレットナイフで表面にぬる。このときパレットナイフは側面に沿わせ、横方向に大きく動かす。

31

ロールケーキをカットする。ナイフをコンロの火やお湯でさっと温める。

Memo ナイフを温めすぎると刃が熱くなり、クリームがとけてしまうので注意しましょう。

32

端を薄くカットし、面をきれいに整える。刃についたクリームは、ふきんにはさんでその都度きれいに拭き取る。

33

ロールケーキの端から工作用紙（3cm幅に切る）を当て、ペティナイフで印をつけていく。

Memo 3cmをはかるのは定規でも大丈夫ですが、工作用紙を使うといちいちはかる手間がはぶけるので作業がラクにできます。

34

印をつけたところ（3cm幅）をガイドにしてカットする。

Memo 刃を前後に動かすと断面がくずれてしまうため、一度で下まで刃を進めます。このとき、刃先が板についた状態で手前に引き抜きましょう。刃を真下に押し込むとつぶれてしまうため、刃をきちんとスライドさせます。

35

カットした断面に空洞があったら、**32**で切り落とした両端の生地についているクリームで埋める。

36

金柑のコンポートとカカオニブを飾る。

Memo ホールのままで仕上げれば、ブッシュ・ド・ノエルのようなケーキとしてお楽しみいただけます。

保存

冷蔵庫で保存し、翌日までに食べる。

Wrapping Idea

5.5×25cmにカットしたケーキフィルムでぐるっと巻き、片方の端にクリームをつけて反対側の端に重ねてとめる。グラシンカップをロールケーキの幅に折ってのせる。
（箱 W150×D105×H90mm　HOSHINO）

Q & A

Q. 金柑が出回らない時期に代用できるものはありますか？

市販のラズベリージャムやオレンジマーマレードなど、少し酸味や苦みのあるジャムを巻いてもおいしいです。シンプルにチョコクリームだけで作ってももちろんOKです。

Q. チョコクリームを休ませるのはなぜですか？

泡立てやすくするためです。チョコクリームに入れる生クリームは温度が高いと脂肪球の皮膜が破れ、気泡を取り込みづらくなって泡立てにくくなります。冷蔵庫でしっかり冷やして休ませることで脂肪球が安定し、なめらかなクリームになります。

Q. 筋入りクラフト紙を使うのはなぜですか？

型に敷いた際、生地の水分を適度に吸収してくれるため、シワができにくく、きれいに焼き上げることができます。またすべりにくいため巻きやすく、セロハンテープでとめることもできます。

Q. 冷凍保存はできますか？

飾りをつける前の状態で冷凍保存できます。5.5×25cmにカットしたケーキフィルムで1つずつ巻き、バットに並べて冷凍庫でしっかり固めます。固まったら1個ずつラップで包み、保存袋に入れて冷凍します。食べるときは冷蔵庫で5時間ほど解凍してください。

形を変えて

金柑のスクエア型チョコレートケーキ

ココアロール生地1枚を半分にカットして、二層にしたケーキです。

巻く作業もなく、チョコクリームでラフに仕上げるため、実はロールケーキよりも簡単です。

チョコレートを削ったコポーをたっぷりとのせて、華やかに仕上げましょう。

材料　約12×24cm 1台分

金柑のコンポート（材料と作り方p.51参照）…… 70g
チョコクリーム（材料p.51、作り方p.52参照）…… 全量
ココアロール生地（材料p.51、作り方p.52〜54参照）…… 1枚

〈コポー（削りチョコ）〉
ダークチョコレート …… 50g

〈シロップ〉

A　熱湯 …… 20g
グラニュー糖 …… 10g
金柑のコンポートのシロップ …… 25g
＊耐熱カップに**A**を入れて混ぜ溶かし、冷ましておく。

コポーを作る

1 小さいボウルにチョコレートを入れ、弱火の湯せんにかけて、ゴムべらで混ぜながらとかす。

2 湯せんからはずし、ボウルの底を拭き、ラップを敷いたバットに流し入れて冷蔵庫で30分ほど冷やし固める。

3 冷蔵庫から出してピーラーでチョコレートの表面を削る。きれいに削れないときは、チョコレートの表面を手で少し温める。できたコポーは冷蔵庫で冷やし固め、保存容器に移して冷蔵庫に入れておく。

ケーキを仕上げる

1 ココアロール生地は、四辺の端を切りそろえて半分にカットする。

2 チョコクリームをハンドミキサーの高速で九分立て（ツノが立つ）にする。

3 片方の生地の上面にははけでシロップをしっかりとぬり、**2**のチョコクリームの1/3量をのせて、パレットナイフでぬり広げる。金柑のコンポートを5mm角にカットして全体に散らし、もう片方の生地をのせる。はけで上面にシロップをぬる。

4 残りのチョコクリームをすべてのせ、パレットナイフでケーキ全体をぬっていく。冷蔵庫で1時間ほど冷やす。

5 コポーをのせ、金柑のコンポートを飾る。

ダックワーズ・グラッセ

Dacquoise Sandwich Cakes

表面はサクッ、中はふんわりとしたダックワーズ生地に、なめらかなパルフェ・グラッセをはさんだアイスサンド。
ダックワーズ型ではなくセルクルに詰めて丸形にし、
少し厚みのある仕上がりにすることでふんわり感をアップさせます。

材料　直径6.5cm5個分

〈パルフェ・グラッセ（バニラアイス）〉　作りやすい分量（10個分）

A ｜ 卵黄 …… 40g
　 ｜ グラニュー糖 …… 35g

B ｜ 水 …… 15g
　 ｜ バニラペースト …… 2g

生クリーム（乳脂肪分35％） …… 200g

〈ダックワーズ生地〉　10枚分

卵白 …… 90g

グラニュー糖 …… 35g

C ｜ 粉糖 …… 35g
　 ｜ アーモンドパウダー …… 50g
　 ｜ 薄力粉（ドルチェ） …… 15g

粉糖 …… 適量

ポイントになる道具

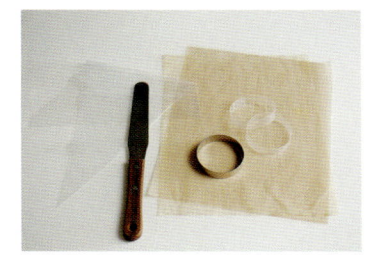

☐ 絞り出し袋　☐ セルクル（直径6.5×高さ1.6cm）

☐ 繰り返し使えるオーブンシート＊
　（または紙のオーブンシート）

☐ パレットナイフ（28cm長さで刃渡り15cm）

☐ クリアファイル（ムースフィルムの型用）

＊ 紙のオーブンシートよりも、繰り返し使えるオーブンシートのほうが生地をはがしやすいのでおすすめ。

ムースフィルムの型の作り方

クリアファイルを1.5×22cmに10枚カットしa、ペーパータオルできれいに拭く。端を1cm重ねてセロハンテープでとめる（直径6.5cmになる）。このとき、はがしやすいようにテープの端を1mmほど折って耳を作るb。

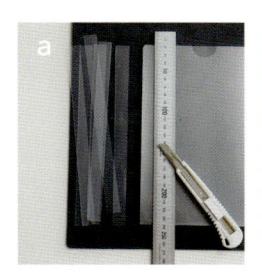

作り方の流れ

パルフェ・グラッセを作ってムースフィルムの型に絞り出し、冷凍庫で5時間以上冷やす
↓
ダックワーズ生地を作ってセルクルに絞り出し、180℃のオーブンで16分ほど焼く
↓
ダックワーズ生地でパルフェ・グラッセをサンドし、冷凍庫で冷やし固める

パルフェ・グラッセを作る

下準備

・ フライパンに湯を沸かす（湯せん用）。

・ 絞り出し袋をカップにセットする。

・ バットにラップを敷いてムースフィルムの型10個を並べるa。

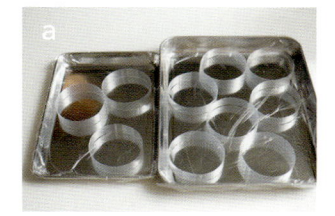

1

ボウル（18cm）に生クリームを入れ、ハンドミキサーの中速で九分立て（しっかりツノが立つ）にし、冷蔵庫に入れておく。

Memo　ハンドミキサーの羽根はそのまま**4**で使うので洗わなくて大丈夫です。

2

別のボウル（15cm）に **A** を入れて泡立て器でしっかりとすり混ぜ、**B** を加えてよく混ぜる。

Memo 卵黄とグラニュー糖を入れたらすぐに混ぜましょう。時間をおくとダマになってしまうので注意してください。

3

湯せんにかけてゴムべらで混ぜながら80℃にする。ボウルが熱くなるので、軍手をはめて作業する。

Memo ボウルのサイズが大きいと温度がはかりにくく、火の入り方も変わってくるので、直径15cmがおすすめです。

4

80℃になったら湯せんからはずし、ハンドミキサーの低速〜中速で白っぽくなってふんわりしてくるまで攪拌する。

Memo 常温になったら泡立て完了。温度が高いままで生クリームを加えると、とけてしまうので注意してください。

5

4 に **1** の生クリームをゴムべらでひとすくいして加えて混ぜる。

6

1 のボウルに **5** を戻し入れる。

7

ゴムべらで底から上に返しながら、全体が均一になるまでふんわりと混ぜ、絞り出し袋に入れる。

8

絞り出し袋の先端を1cmカットして準備したムースフィルムの縁ぎりぎりまでぐるぐる回しながら平らになるように絞り出す。冷凍庫で5時間以上冷やし固める。

Memo 余った分はそのまま食べてもおいしいです。ラップをして保存袋に入れ、冷凍で1か月ほど保存できます。

ダックワーズ生地を作る

下準備

- 卵白はボウル（18cm）に入れて冷蔵庫で冷やす。
- **C** は合わせてふるう。
- 絞り出し袋をカップにセットする。
- 小さなボウルに水を入れ、セルクル1個を入れておく。
  - ＊ 水につけるのは生地をセルクルから抜きやすくするため。
- 天板に繰り返し使えるオーブンシート（または紙のオーブンシート）を敷く。
- オーブンは200℃に予熱する。

9

卵白をハンドミキサーの高速で10秒ほど泡立てる。

Memo 卵白はしっかりと冷やしておきましょう。室温が高ければボウルの底を保冷剤で冷やしながら泡立てます。こうするとキメの整ったメレンゲになります。

10

全体がふんわりとしてきたらグラニュー糖の1/3量を加え、高速で10秒ほど泡立てる。

11

泡が持ち上がるくらいになったら残りのグラニュー糖の半量を加え、高速で20秒ほど泡立てる。

Memo ハンドミキサーはゆっくりと円を描くように動かし、ボウルはそれと逆方向に回します。同じ場所で泡立てすぎないように注意してください。

12

ボリュームが出てきたら残りのグラニュー糖を加え、高速で30秒→中速で30秒→低速で30秒泡立て、ツノがぴんと立ってキメが整ったメレンゲにする。

Memo 最後の低速30秒は泡立て具合をみて調整してください。

13

Cを一度に加え、ゴムべらでメレンゲがつぶれないように気をつけながら、ボウルの底から上に返すようにして手早く25回ほど混ぜる。

Memo 絞るときや型に詰めるときにさらに混ざるので、メレンゲに触る回数を極力少なくします。混ぜすぎるとメレンゲがだれて、絞ったときに形がくずれてしまいます。

14

絞り出し袋にメレンゲをつぶさないようにふわっと入れ、先端を2.5cm切る。

Memo メレンゲは手の熱にも弱いので、絞り出し袋を持つ時間をできるだけ短くしましょう。あいたボウルとゴムべらはそのまま置いておきます。

15

水につけておいたセルクルを取り出し、ペーパータオルにトントンと軽く水を払って天板にのせる。

Memo セルクルは拭かなくて大丈夫。軽く水がついているくらいのほうが、生地を型からはずしやすいです。

16

14をセルクルと同じ高さになるように絞り出す。

17

パレットナイフで平らにならす。

Memo パレットナイフについた生地は14であいたボウルの縁ですり切りましょう。

18

セルクルをそっと引き上げて抜き、再び水につける。これを10個分繰り返して行う。生地が残ったら端のほうに小さく絞り出す。

19

粉糖を茶こしでふるう。1回目は軽く全体にかけ、2分ほどして粉糖がとけたら2回目をふるう。

Memo 1回目で粉糖をかけすぎると粉糖がとけきらないので注意してください。

20

180℃のオーブンで16分ほど焼く。このとき、オーブンに入れて13分後に天板の前後を入れかえる。

21

焼き上がったら、天板からシートごと台に取り出して冷ます。

22

21の半分をシートからはがして裏返す。

23

裏返したダックワーズに**8**のパルフェ・グラッセをのせ、もう1枚のダックワーズをはがしてサンドする。

24

フィルムのテープをはがしてバットにのせ、冷凍庫に入れて再度冷やし固める。

[保存]

1個ずつラップで包んで保存袋に入れ、冷凍庫で1か月。

(**Q & A**)

Q. パルフェ・グラッセは
他のフレーバーをつけることはできますか？

いちごやブルーベリーなどのフルーツジャムを加えてもおいしいです。その場合は作り方**4**でふんわりと泡立って温度が下がったところにフルーツジャム30gほどを加えてください。そのあとは同様にして作ります。

Q. パルフェ・グラッセを絞るとき、
絞り出し袋から流れ出てきてしまいました。

絞り出し袋の入り口はしっかりとねじって、親指と人差し指のつけ根部分ではさみます。絞り出し口はもう片方の手の親指と人差し指ではさみ、出る量を調整します。絞り終えたら流れ出ないように、絞り出し口を上に向けておきましょう。もし、絞り出し袋がやりづらい場合はスプーンで入れても大丈夫です。

ダックワーズ・グラッセ ｜ Dacquoise Sandwich Cakes

クリームを変えて

コーヒーバタークリームのラムレーズンサンド

ダックワーズのパルフェ・グラッセを
コーヒーバタークリームとラムレーズンに変え、
ちょっぴり大人味に仕上げます。

材料　直径6.5cm5個分

ダックワーズ生地（「ダックワーズ・グラッセ」と同じ）
　　…… 全量
ラムレーズン（「レーズンサンド」p.17参照）…… 45粒

〈コーヒーバタークリーム〉　作りやすい分量（でき上がり85g）

A ┃ 卵黄 …… 20g
　┃ グラニュー糖 …… 18g
水 …… 10g
バター（食塩不使用）…… 45g
インスタントコーヒー（粒子の細かいもの）…… 1.5g

下準備

・バターは常温に戻す。

・インスタントコーヒーは水2g（分量外）で溶かす。

・ラムレーズンはペーパータオルで水気を取る。

・絞り出し袋をカップにセットする。

作り方

1　p.63〜64の**9〜21**と同様に作り、作り方**22**で生地をすべて裏返す。

2　〈コーヒーバタークリーム〉ボウル（15cm）に**A**を入れて泡立て器ですり混ぜ、分量の水を加えて混ぜる。湯せんにかけてゴムべらで混ぜる。80℃になったら（もろっとした状態になる）湯せんからはずしてハンドミキサーの中速で泡立てながら30℃にする。

3　別のボウルにバターを入れて泡立て器でほぐす。**2**を2回に分けて加え、その都度よく混ぜ、インスタントコーヒーを加えて混ぜる。

4　絞り出し袋に入れて、先端を7mmカットする。ダックワーズ10枚に3mm厚さで中心から渦を巻くように絞り出し、端から5mm内側まで絞る。

5　**4**の半分に、それぞれラムレーズンを9粒ずつ並べ、残りのダックワーズをのせてしっかりと密着させ、冷蔵庫で冷やす。

さつまいものモンブラン

Sweet Potato Mont Blanc

心地よい軽さと豊かな味わいが重なり合うモンブラン。
サクサクのメレンゲの土台に、ふわっと軽いクレーム・シャンティを重ね、
なめらかなさつまいもクリームで包み込みます。

材料　9㎝長さ8個分

〈メレンゲ〉

卵白 …… 35g

グラニュー糖 …… 25g

A ｜ 粉糖 …… 35g
｜ コーンスターチ …… 3g

〈さつまいものカリカリソテー〉　作りやすい分量

さつまいも …… 150g

バター（食塩不使用） …… 12g

グラニュー糖 …… 20g

シナモンパウダー …… ひとつまみ

〈さつまいもクリーム〉

さつまいも …… 250g

＊おすすめはシルクスイートや紅はるか。市販の焼きいもでもOK。

B ｜ バター（食塩不使用） …… 18g
｜ グラニュー糖 …… 20g

生クリーム（乳脂肪分35〜42％） …… 30g

ラム酒 …… 4g

〈クレーム・シャンティ〉

C ｜ 生クリーム（乳脂肪分35〜42％） …… 100g
｜ グラニュー糖 …… 6g

〈仕上げ〉

粉糖 …… 適量

シナモンスティック …… 適量

ポイントになる道具

☐ 絞り出し袋　☐ 丸口金（口径1.2㎝）
☐ 裏ごし器　☐ 乾燥剤
☐ パレットナイフ（28㎝長さで刃渡り15㎝）

作り方の流れ

メレンゲを作ってコッペパン形に絞り、130℃のオーブン
で2時間焼いて冷ます
↓
さつまいものカリカリソテーを作る
↓
さつまいもを焼き、さつまいもクリームを作る
↓
クレーム・シャンティを作ってメレンゲに絞り出し、カリカ
リソテーをのせてクリームを絞り、冷凍庫で10分以上冷やす
↓
さつまいもクリームを絞り、粉糖をふってカリカリソテー
を飾る

メレンゲを作る

下準備

・卵白はしっかりと冷やしておく。

・**A**は合わせてふるう。

・絞り出し袋に丸口金をつけてカップにセットする。

・オーブンは130℃に予熱する。

・工作用紙を2×9㎝に切る。

1 ボウル（18㎝）に卵白を入れ、ハンドミキサーの高速で10秒泡立てる。グラニュー糖の1/3量をふり入れて、高速で10秒ほど泡立てる。

2 グラニュー糖の残りの半量を加えてハンドミキサーの高速で20秒ほど泡立て、しっかりとしたツノが立つようになったら、残りのグラニュー糖を加えてさらに泡立てる。

3 ツヤが出てツノの先端まで鋭くとがるくらいになったら、**A**を加える。

4 ボウルを回しながら、粉糖がしっかりとなじむまでゴムべらで混ぜ合わせる。ゴムべらは縦に入れ、ボウルに沿わせてくるっと返し、メレンゲをこわさないようにふんわり混ぜる。絞り出し袋に入れる。

5 天板の四隅にほんの少しメレンゲをつけて、オーブンシートを貼りつける。

Memo こうしておくとオーブンに入れたとき、風でオーブンシートがなびく心配がありません。

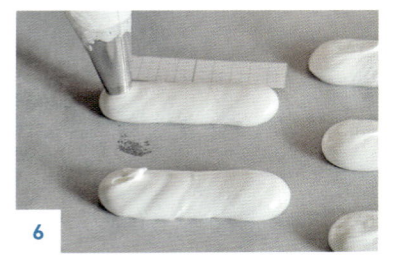

6 工作用紙を置いてガイドにし、長さ9cmのコッペパン形に絞る。口金を天板の1cm上になるように垂直に構え、そのまま横にスライドしながら絞る。

Memo メレンゲが余ったら、絞ったものの上に目立たないように足してください。

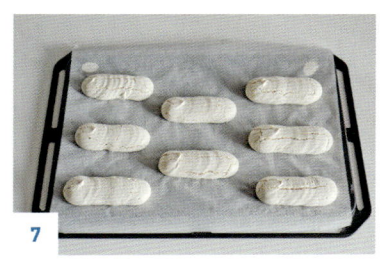

7 130℃のオーブンで2時間焼く。

Memo 時間をかけてしっかり焼くことで、口どけがよくコクのあるメレンゲになります。

8 天板のまま冷まし、完全に冷めたらラップを敷いたバットに乾燥剤とともに入れて、ラップをかけて密封しておく。

Memo この状態で常温（暑い時期は冷蔵庫）で2週間保存できます。

さつまいもの
カリカリソテーを作る

下準備

・さつまいもは皮つきのまま1cm角に切って水に10分ほどつける。

・バットにオーブンシートを敷く。

9 耐熱容器にさつまいもを入れ、ラップをして電子レンジで3分加熱する。

10 フライパンにバターを入れて中火にかけ、バターがとけたら**9**を重ならないようにして入れ、こんがりと焼き色がついてカリッとするまで、触りすぎないようにして焼く。

11

グラニュー糖を加え、とけてツヤが出てくるまでゴムべらで混ぜながらよく焼いて火を止める。

Memo グラニュー糖がとけきれていないと、さつまいもどうしがくっついてしまうので、しっかりとかしましょう。

12

シナモンパウダー加えてさっと混ぜ、オーブンシートをのせたバットに取り出す。

Memo 余った分は密閉容器に入れて冷凍庫で保存すれば、2週間ぐらいはカリカリの状態が保てます。そのまま食べてもおいしいです。

さつまいもクリームを作る

下準備
・バターは常温に戻す。
・オーブンは170℃に予熱する。

13

さつまいもは洗ってアルミホイルで包み、160℃のオーブンで1時間15〜30分ほど焼く。竹串を刺してすっと通るようになればOK。

Memo オーブンでさつまいもを焼いている間に、作り方**18〜22**の作業を行っておくと、このあとの作業がスムーズに進みますよ。

14

熱いうちに皮をむいて1cm厚さに切る。このとき軍手にゴム手袋を重ねてはめておくと熱くないし、軍手も汚れない。

Memo さつまいもは冷めるとかたくなって裏ごししにくくなるので、熱いうちに行いましょう。

15

ボウルに裏ごし器をのせて、ゴムべらで押さえながら1〜2切れずつ裏ごしする(さつまいもペースト)。

Memo ゴムべらがやわらかくて裏ごししにくいときは、カードや木べらを使って上から押しながら行ってもいいです。

16

15から150gをはかって別のボウルに入れ、温かいうちに**B**を加えてゴムべらで混ぜる。

Memo 残ったさつまいもペーストはラップに包んで、冷凍で1か月ほど保存できます。スイートポテトを作るときなどに使えます。

17

生クリームを加えてなめらかになるまで混ぜ、ラム酒を加えて混ぜ合わせる。

クレーム・シャンティを作り、仕上げる

下準備
・絞り出し袋をカップにセットする。

18
ボウルに**C**を入れ、ハンドミキサーの中速で九分立て（しっかりツノが立つ）にし、絞り出し袋に入れる。

19
絞り出し袋の先端を1.5cm切って**8**のメレンゲに1本絞り、**12**のさつまいものカリカリソテーを2個埋め込んでのせる。

20
19の上に残りのクレーム・シャンティを1本絞る。

Memo クレーム・シャンティは残らないように、均等にふり分けて絞りきりましょう。

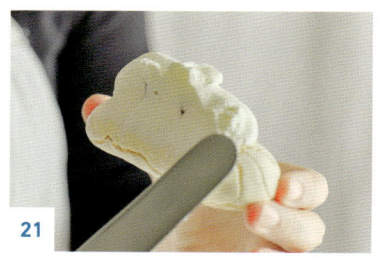

21
手でやさしく持って、パレットナイフ（またはスプーン）でメレンゲとクリームの間にすき間ができないように表面をならす。

Memo ここでならしておくと、さつまいもクリームを絞ったとき、きれいな形になります。

22
ラップを敷いたバットに並べ、冷凍庫で10分（冷蔵庫なら15分）以上冷やす。

23
17のさつまいもクリームを絞り出し袋に入れて先端を3mm切る。**22**に左右にジグザグに3回ほど重ねながら絞り出す。

Memo クリームは25〜30℃で絞ります。温度が下がっていたら、**17**のボウルを湯せんにかけてから絞り出し袋に入れてください。また、絞り出し袋の中間をねじって絞ると圧がかかって絞りやすくなります。

24
茶こしで粉糖をふって、箸でカリカリソテー2個を飾る。

〈保存〉
もし残ったら、粉糖をかける前の段階で一度冷凍庫に入れて固め、ラップをかけて保存袋に入れて冷凍で2週間。

25
シナモンスティックの皮をはがし、ナイフで細く切って**24**にのせる。

Q & A

Q. さつまいもクリームを絞り出すとき、うねうねと曲がってきれいな線に絞れません。

絞り出し袋の絞り出す力と、動かすスピードが合っていないからでしょう。強く押して絞り出し、出てきたクリームを少し引っ張るようにして左右に動かすと、きれいに絞れます。強く絞り出してもゆっくり動かした場合は、クリームが出たところにたまってしまうのでうねうねになってしまいます。

Q. 細めのさつまいもの場合、焼き時間は短くしたほうがいいでしょうか？

1時間ほど焼いたところで、焼けているかどうかを確認してみてください。竹串を中心に刺して、すっと中まで通れば大丈夫です。

Q. さつまいものモンブランで前日に作っておけるものはありますか？

メレンゲは前日に作っておけます。その場合は乾燥剤を入れて密封しておきましょう。

Q. さつまいもクリームがかたく、絞りにくくなってしまいました。

焼き時間が足りなかったり、焼き上がってから裏ごしするまでに時間がたつと、かたくなってしまう場合があります。また、さつまいもの品種選びもポイントです。シルクスイートや紅はるかは中までしっとり焼き上がるため、絞りやすいのでおすすめです。

メレンゲを使って

ムラング・シャンティ

メレンゲにクレーム・シャンティを絞ってキウイをのせます。

作ってから2時間ほど冷蔵庫で休ませると、メレンゲにクレーム・シャンティの水分が移って一体感が増し、

いっそうおいしくなります。

材料　6cm長さ4個分

メレンゲ（「さつまいものモンブラン」と同じ）…… 全量

〈クレーム・シャンティ〉

A ┃ 生クリーム（乳脂肪分42％）…… 100g
　　┃ グラニュー糖 …… 8g

キウイ（好みのフルーツでも）…… 適量

ディル …… 適量

下準備

・ 絞り出し袋に星口金（10切8番）をつけてカップにセットする。

・ 天板にオーブンシートを敷く。

・ オーブンは120℃に予熱する。

・ キウイは1cm角に切る。

作り方

1 p.67〜68の**1**〜**4**と同様に作る。

2 絞り出し袋にメレンゲを入れ、天板に6cm長さにジグザグに絞り出し**a**、120℃のオーブンで2時間焼いて冷ます。

3 〈クレーム・シャンティ〉ボウルに**A**を入れ、ハンドミキサーの中速で九分立て（ピンとツノが立つ）にする。

4 メレンゲ2枚を1組にして裏返し、片方にクレーム・シャンティを絞って**b**、もう片方でサンドしてメレンゲを側面にして立てる**c**。

5 上部にもクレーム・シャンティを絞り、キウイをのせてディルを飾る。

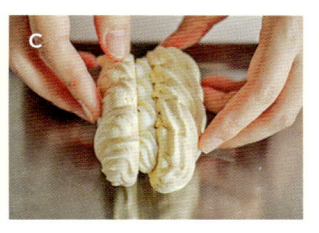

さつまいもペーストを使って

スイートポテト

なめらかで濃厚な口当たりがたまらないスイートポテト。
星口金で絞ると、美しい焼き色が印象的な仕上がりになります。

材料　長さ8cmのベイキングカップ6個分

さつまいもペースト …… 200g
＊さつまいもは300gを焼く。

A｜バター（食塩不使用）…… 13g
　｜グラニュー糖 …… 30g

卵黄 …… 10g
生クリーム（乳脂肪分35〜42％）…… 30g
ラム酒 …… 6g
卵黄（仕上げ用）…… 10g

下準備

・バターは常温に戻す。
・絞り出し袋に星口金（10切8番）をつけてカップにセットする。
・オーブンは180℃に予熱する。

作り方

1　p69の **13〜15** と同様に作る。

2　温かいうちに **A** を加え、ゴムべらをボウルの側面にこすりつけるようにして、バターのダマをつぶしながら混ぜる。卵黄を加えて混ぜ、全体になじんだら生クリームを加えて混ぜる。

3　最後にラム酒を加えて混ぜ、絞り出し袋に入れてベイキングカップに絞り出し、表面が固まるまで15分ほど冷凍庫に入れる。

4　卵黄をはけでぬり、180℃のオーブンで20分焼く。
　　Memo ベイキングカップに絞った状態で、冷凍で1か月保存可能です。食べるときは、凍ったまま同じ温度と時間で焼きます。

73

いちごのショートケーキ

Strawberry Shortcake

赤いいちごとまっ白でふんわり軽いクレーム・シャンティに心ひかれるショートケーキ。
一晩ねかせていちごの香りとクリームを生地になじませ、
一体感のある味わいに仕上げましょう。

いちごのショートケーキ ｜ Strawberry Shortcake

材料　直径15cmの丸型1台分

〈スポンジ生地〉

卵白 …… 80g

卵黄 …… 35g

グラニュー糖 …… 70g

A | バター(食塩不使用) …… 10g
      | 太白ごま油 …… 12g

薄力粉(ドルチェ) …… 70g

〈クレーム・シャンティ〉

B | 生クリーム(乳脂肪分42%) …… 320g
      | ＊42%がないときは、35%と47%を半量ずつ合わせてもよい。
      | グラニュー糖 …… 25g

〈シロップ〉

C | グラニュー糖 …… 18g
      | 熱湯 …… 30g

キルシュ酒 …… 7g

〈仕上げ〉

いちご …… 1パック(10〜14粒)

ポイントになる道具

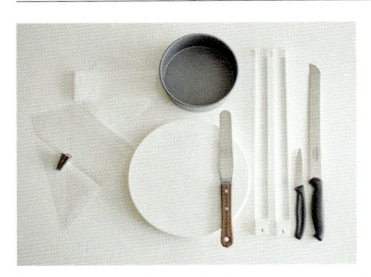

□ 絞り出し袋　　□ 星口金(10切8番)　　□ 丸型(直径15cm)

□ 市販の型紙　　□ 回転台(直径24cm)

□ パレットナイフ(28cm長さで刃渡り15cm)

□ 1.5cmのルーラー＊　　□ ペティナイフ

□ 波刃ナイフ(37.5cm長さで刃渡り25cm)

＊1cmと5mmのルーラーを重ねて端をテープでとめ、1.5cm厚さにしてもよい。

作り方の流れ

2日を目安にして作ります

1日目

スポンジ生地を作り、型に入れて160℃のオーブンで30分焼き、ポリ袋に入れて常温で8時間以上休ませる

2日目

クレーム・シャンティを作って冷蔵庫で冷やす
↓
シロップを作って冷ます
↓
スポンジ生地をスライスし、クレーム・シャンティといちごをサンドして、冷蔵庫で8時間ほど休ませる
↓
クレーム・シャンティをぬって絞り出し、いちごを飾る

1日目

スポンジ生地を作る

下準備

・卵白はボウル(21cm)に、卵黄は小さな容器に入れて、冷蔵庫に入れておく。

・**A**は小さめのボウル(15cm)に合わせて入れる。

・薄力粉はふるう。

・型に型紙(またはオーブンシート)を敷く a。

・オーブンに天板を入れて180℃に予熱する。

1

卵白のボウルにグラニュー糖を一度に加え、ハンドミキサーの高速でツノがぴんと立つまで3〜4分泡立てる。

Memo　グラニュー糖を一度に入れることで、目の詰まった強いメレンゲを作ることができます。

2

Aのボウルを弱火の湯せん(70℃)にかけてバターをとかす。

3

1に卵黄を加えてハンドミキサーの高速で2分泡立て、低速で2分混ぜてキメを整える。ハンドミキサーは、大きな円を描くようにして、ゆっくり動かす。

Memo 低速の残り1分くらいで、**2**のボウルを湯せんからはずしておくと、作業がスムーズです。

4

2を50〜55℃まで冷まして**3**を泡立て器でひとすくい加え、よく混ぜ合わせる。

Memo **2**が50℃前後になっているときれいに混ざります。

5

3のボウルに薄力粉を一度に加え、ゴムべらを真ん中に切るように入れ、底から上に返すようにして20回ほどさっくりと混ぜ合わせる。

Memo ゴムべらで返すタイミングでボウルを傾けると、きれいに混ぜることができます。

6

粉っぽさがなくなったら**4**を加える。

7

ゴムべらを真ん中に切るように入れ、底から上に返すようにして全体が均一になるまで30回ほど混ぜ合わせる。

8

型に流し入れ、10cmほど上からふきんを敷いた台に落として生地の中の大きな気泡を抜く。160℃のオーブンで薄いきつね色になるまで30分ほど焼く。

9

オーブンから出して10cmほど上からふきんを敷いた台に1回落とす（焼き縮みを防ぐため）。

10

型をひっくり返して網に取り出す。完全に冷めたら乾燥しないようにポリ袋に入れ、8時間以上常温で休ませる。

Memo 休ませるのは、生地を落ち着かせてカットしやすくするためです。しっかり冷めてからラップで包み、保存袋に入れて冷蔵で約2日、冷凍で約1か月保存できます。

仕上げ

下準備

- サンド用のいちご約5粒はヘタを取って縦5mm厚さにスライスする。
  - ＊厚みが変わるとサンドする生クリームの分量が変わるので同じ厚みにしてください。
- 絞り出し袋に口金をつけて、カップにセットする。

クレーム・シャンティを作る

11 ボウル（18cm）に **B** を入れ、ハンドミキサーの中速で六分立て（クリームの跡がすぐに消える）にする。

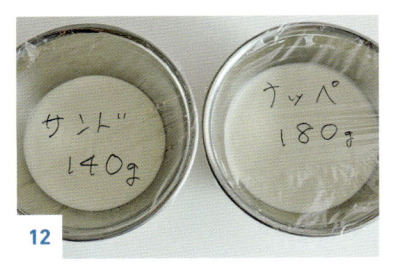

12 サンド用140gとナッペ用180gに分けてボウルに入れ、ラップをかけて油性ペンでそれぞれを明記し、冷蔵庫で冷やしておく。

Memo サンド用とナッペ用は泡立てる状態が異なるため、ここで分けておくと作業がスムーズに進みます。ちなみにナッペとはケーキにクリームをぬることです。

シロップを作る

13 耐熱容器に **C** を入れて混ぜて溶かす。冷めたらキルシュ酒を加えて混ぜる。

14 **10** の生地の型紙をはがして上下に1.5cmのルーラーを置く。手で軽く生地を押さえて波刃ナイフをルーラーに沿わせながら前後に動かして4枚スライスする。

15 4枚スライスしたもので最後にカットした上面の生地は使わない（写真左）。

Memo 残った1枚は、食べやすい大きさにちぎって、残ったシャンティやいちごとともにデザートカップにランダムに入れ、シャンティでふたをして粉糖をかけると、かわいらしいデザートになります。

16 ふきんの上に回転台を置き、生地 ⓐ を真ん中にのせて **13** のシロップ（約14g）をはけでまんべんなくぬる。

17 **12** のサンド用のシャンティを泡立て器で八分〜九分立て（泡立て器ですくい上げても落ちてこないがツヤのある状態）にする。泡立て器でひとすくいして（約30g）生地にのせ、パレットナイフで上面に平らにぬり広げる。

18 側面はパレットナイフを沿わせて回転台を回しながら1周する。

Memo 側面をきれいにすることで、輪郭がしっかり出ます。いちごが並べやすく、この後にのせる生地も重ねやすくなります。

19

生地の縁から5mmほど離して、カットしたいちごを中心を避けて並べ、指で軽く押して埋め込む。

Memo　完成後にカットしにくいので、中心には置かないようにしてくださいね。

20

12のサンド用のシャンティを約30gのせ、パレットナイフで平らにならし、側面に沿わせて回転台を回しながら1周する。

21

生地 **C** をずれないように重ねてのせ、水平になるように手で軽く押さえる。

Memo　生地が冷めると上部がやや縮むため、**C**→**b** の順に重ねます。こうするときれいな形に仕上がります。

22

作り方 **16～20** を同様に行い、生地の周りに出たシャンティをパレットナイフで取る。生地 **b** をのせてシロップ（約14g）をはけでまんべんなくぬる。

23

下ぬりをする。残りのサンド用シャンティをすべてのせ、上面と側面にぬり広げてスポンジが見えているところがないようにする。

Memo　下ぬりの役割は側面の凸凹を整えること。ここでしっかりぬっておくと、このあとのナッペがきれいに仕上がります。

24

上からふわっとラップで包んで冷蔵庫で8時間ほど休ませる。

Memo　生地を休ませることで、シャンティの水分やシロップ、いちごの香りが生地全体にまわってケーキに一体感が出ます。

25

12のナッペ用のシャンティのボウルを氷水に当て、泡立て器に絡まるけれどゆっくりと落ちるくらいのかたさにする。

26

24を取り出してラップをはずし、回転台の中心にのせる。**25**の約60g（肉まん1個分くらい）をのせてパレットナイフでぬり広げ、のせたクリームの7割ほどを下に落とす。このときパレットナイフは上面から見て3時→6時の方向へ動かし、回転台は手前に回す。

27

上から落としたシャンティで側面をおおっていく。回転台を回して一気にぬるのではなく、5cm幅ずつを確実にぬっていく。

Memo　ここでは下の土台が見えないようにシャンティでおおうことが大切。表面はきれいでなくても大丈夫です。

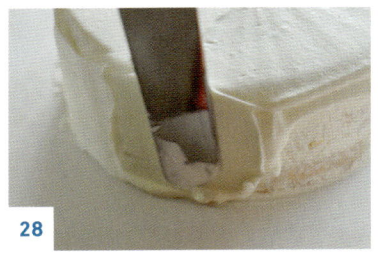

28

側面のシャンティが足りないときは、ボウルに残っているシャンティをパレットナイフで少しずつとってぬり足す。

Memo ぬっている途中でシャンティがずり落ちてしまうときは、シャンティがゆるくなっているので再度泡立ててください。

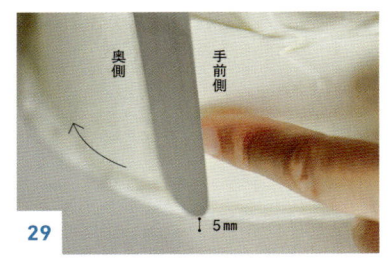

奥側　手前側

5mm

29

側面をすべておおったら、回転台を回してきれいに整えていく。パレットナイフは7時の位置に構える。ナイフの奥側をケーキに沿わせ、手前側は指1本分浮かせて固定し、回転台を奥側に回す。

Memo パレットナイフの先端は回転台から5mm離してください。くっつけてしまうと回転台が回しづらくなります。

30

ケーキの足元にパレットナイフを15度くらいの角度で少し差し込んで回転台を回し、余分なシャンティを取る。これを3〜4回に分けて1周行う。

31

上面の角にできるシャンティの盛り上がりを取る。パレットナイフを45度くらいにしてケーキの外側から中心に向かって並行に動かす。

Memo パレットナイフについたシャンティはボウルの縁できれいに取り、ぬれぶきんで拭いてください。

32

残りのナッペ用のシャンティを泡立て直して絞り出し袋に入れる。ゴムべらに試し絞りをして、きれいな筋が出ることを確認してからケーキに絞る。

Memo 試し絞りで筋が出ない場合は、シャンティがゆるんでいるのでボウルに戻し、再度泡立ててください。

33

31の上面の縁に絞り出す。口金をケーキの1cm上で垂直に構え、固定したまま絞り出して、口金の高さまで絞ったらすっと上に引き抜く。

34

絞ったシャンティの内側に、ヘタを取ったいちごをバランスよく並べていく。

35

お皿に移す。全体を見てきれいなところを前にし、後ろ側にパレットナイフを回転台に押しつけながら15cmほど差し込んで持ち上げ、そこに手を差し込んでゆっくりと持ち上げて移動する。

36

パレットナイフを抜くときは、お皿にパレットナイフを押しつけてしならせながらゆっくりと抜く。しならせないで上に抜いてしまうと、ケーキの手前が削れてしまうので注意して。

きれいにカットする方法

1

小さめの波刃ナイフでカットするのがおすすめ。お湯を入れたコップにナイフを入れて温め、ふきんで水気を拭く。

Memo 小さめの波刃ナイフは大きなものより扱いやすく、ナイフを温めるときもコップに入れやすいです。

2

ケーキの中央のいちごをはずして、中心にナイフを直角に差し込み、上下に動かしながら側面までカットする。上からナイフを押して切るとケーキがつぶれるので注意。

3

再びナイフをお湯で温め、水気を拭いて中央にナイフを差し込み、反対側も同じようにカットしてケーキを半分にする。**1〜3**を繰り返して、6等分または8等分にカットする。

サイズが違う型でも作れます

「いちごのショートケーキ」は直径15cmの丸型で作りましたが、目的に合わせて12cmや18cmでも作ることができます。

直径12cmの場合の材料と作り方　1台分

〈スポンジ生地〉

卵白54g、卵黄23g、グラニュー糖47g、バター(食塩不使用)7g、太白ごま油8g、薄力粉47g

〈クレーム・シャンティ〉

生クリーム(乳脂肪分42%)200g、グラニュー糖16g

〈シロップ〉

「いちごのショートケーキ」の半量。

〈作り方〉

「いちごのショートケーキ」と同じ。ただし焼き時間はオーブンを180℃で予熱して160℃で25分。

直径18cmの場合の材料と作り方　1台分

〈スポンジ生地〉

卵白120g、卵黄52g、グラニュー糖105g、バター(食塩不使用)15g、太白ごま油18g、薄力粉105g

〈クレーム・シャンティ〉

生クリーム(乳脂肪分42%)360g、グラニュー糖28g

〈シロップ〉

「いちごのショートケーキ」と同じ。

〈作り方〉

「いちごのショートケーキ」と同じ。ただし焼き時間はオーブンを180℃で予熱して160℃で34分。

仕上げを変える

「いちごのショートケーキ」と材料と作り方は同じですが、
上面にいちごは飾らないでクレーム・シャンティだけで仕上げます。
シャンティで装飾されたまっ白なショートケーキは、清楚で美しく、魅力的です。

しらかば仕上げ

作り方

「いちごのショートケーキ」の作り方**28**で、側面と上面
をナッペ用のシャンティでおおったら、パレットナイフ
をケーキの側面に沿わせ、下から上に引き上げる。これ
を繰り返して白樺のような模様をつけていく。上面はパ
レットナイフの先端の3cmくらいを使って模様をつける。
最後に粉糖をふって仕上げる。

うろこ仕上げ

作り方

「いちごのショートケーキ」の作り方**28**で、側面と上面
をやや多めのナッペ用のシャンティでおおったら、パレ
ットナイフの先端3cmをケーキに沿わせ、少しずつ削る
ようにしてうろこの模様をつけていく。

Wrapping Idea

カットしたケーキはケーキフィルム（6等分にカットした場合は5.5×30cm）で角や辺をケーキにしっかりと添わせて巻く。片方にクリームをつけて反対側のフィルムにくっつけ、グラシンカップにのせる。（箱 W150×D105×H90mm　HOSHINO）

Q & A

**Q. ナッペをしていると、
クリームがぼそぼそになってしまいます。**

コツは2つあります。1つは氷水でしっかりと冷やしながらナッペをすること。これだけでかなり安定します。もう1つはナッペをするときにクレーム・シャンティに触りすぎないこと。特に慣れていない人は余計に触ってしまいがちです。少しゆるいかな、くらいのかたさでスタートするのがおすすめです。

**Q. クレーム・シャンティの絞りが
上手にできません。**

クレーム・シャンティの「かたさ」と「口金の位置」がポイントです。「かたさ」は、泡立て器を持ち上げたときにツノがやわらかくおじぎをするくらい。これで星口金のきれいな筋ができます。ゆるいとだれてしまい、かたいと筋がぎざぎざになって絞り終わりがぷつっと切れてしまいます。「口金の位置」は、絞り出す面から常に1cmくらいの高さに固定すること。こうするときれいに絞れます。

ガレット・デ・ロワ

Galette des Rois

表面のきれいな模様とサクッとしたパイ生地、濃厚なアーモンドクリームが魅力のお菓子。

パイ生地でアーモンドクリームを包み、リーフや渦状の模様をつけて焼き上げます。

サクサクのパイ生地に仕上げるために「アンヴェルセ」*と呼ばれる逆さ仕込みの生地を使うのがポイントです。

* 通常のパイ生地はデトランプ（小麦粉に水と塩を加えて混ぜ合わせた生地）にバターを
　包み込んでいくが、アンヴェルセはバター生地でデトランプを包み込んでいく。

材料　直径18cmの丸型1台分

〈バター生地（パイの外生地）〉

バター（食塩不使用または発酵バター）…… 95g

A ┃ 薄力粉（エクリチュール）…… 20g
　　┃ 強力粉（はるゆたかブレンド）…… 20g

〈デトランプ生地（パイの中生地）〉

B ┃ 薄力粉（エクリチュール）…… 45g
　　┃ 強力粉（はるゆたかブレンド）…… 45g

C ┃ 冷水 …… 37g
　　┃ 塩 …… 3g
　　┃ 微粒子グラニュー糖 …… 3g

バター（食塩不使用または発酵バター）…… 30g

〈折り込み〉

打ち粉（強力粉）…… 適量

〈クレーム・ダマンド〉

バター（食塩不使用または発酵バター）…… 60g

粉糖 …… 60g

全卵 …… 50g

アーモンドパウダー …… 60g

＊60gのうち20gを皮つきのものにすると、より味わい深くなる。

ラム酒 …… 6g

〈フェーブ〉

アーモンド …… 1粒

〈ドリュール（ツヤ出し用）〉

卵黄 …… 1個分

牛乳 …… 5g

〈シロップ〉

D ┃ 熱湯 …… 10g
　　┃ 微粒子グラニュー糖 …… 14g

ポイントになる道具

- ☐ ペティナイフ　　☐ 工作用紙（11×15cmに切る）
- ☐ ルーラー（2mmと3mm）　☐ セルクル（直径15cmと18cm）＊
- ☐ 絞り出し袋　　☐ シルパン　　☐ 爪楊枝
- ☐ めん棒　　☐ はけ

＊ パイ生地を切り抜くときに使用するセルクルは、同じサイズのボウルや鍋の蓋などでも代用できる。はけは毛のものがムラなくドリュールをぬれるのでおすすめ。

作り方の流れ

2日を目安にして作ります

1日目

バター生地とデトランプ生地を作り、それぞれ冷蔵庫で2時間休ませる
↓
「折り込みをし、冷蔵庫で2～3時間休ませる」を3回行う
↓
クレーム・ダマンドを作り、冷蔵庫で一晩休ませる

2日目

組み立てる。生地をのばし冷蔵庫で1時間、最後に縁の模様をつけ終えたら冷蔵庫で30分休ませる
↓
ドリュールをぬって焼き、仕上げにシロップをぬる

1日目

バター生地（パイの外生地）を作る

下準備

・**A**は冷蔵庫で冷やしておく。

・バターは1cm角に切って冷蔵庫で冷やしておく。

・工作用紙を11×15cmにカットする。

1 ボウル（21cm）に**A**を入れ、泡立て器でよく混ぜる。

2 バターを加え、カードで刻みながら混ぜていく。

3

指でバターのかたまりをすりつぶしながら、カードで刻むようにして混ぜる。

Memo 指ですりつぶすとき、ゴム手袋をつけて作業すると、手の熱が伝わりにくいので作業がしやすいです。

4

粉っぽさがなくなったら、カードで押しつぶすようにして生地をまとめる。

Memo 粉っぽさが残ったまま作業を進めると、このあとののばす作業がやりにくくなります。

5

準備した工作用紙の上にラップ（35×40cmほど）をのせ、その上に**4**をのせて工作用紙の大きさに合わせてラップを折りたたむ。

Memo あいたボウルはそのまま**7**で使うので、生地をきれいに取りきっておきましょう。

6

めん棒で生地を平らにのばして11×15cmにし、冷蔵庫で2時間休ませる。

デトランプ
（パイの中生地）を作る

下準備

- **B**は冷蔵庫で冷やしておく。
- バターは耐熱容器に入れて電子レンジで50〜60秒かけてとかし、常温において28〜30℃にする。
- **C**はよく混ぜ合わせる。

7

5であいたボウルに**B**を入れ、泡立て器でよく混ぜ合わせる。

8

ゴムべらで真ん中にくぼみを作り、**C**を一度に加えてさっと混ぜる。

9

まだ粉っぽさが残っているうちにバターを加えて混ぜる。

10

ゴムべらで、まとまってくるまで混ぜる。

11

ボウルの中で手で10回ほどこねる。

12

作り方**5～6**と同様にして冷蔵庫で2時間休ませる。

13

12のデトランプ生地を取り出してラップをはずしておく。

14

6のバター生地を取り出してラップをはずし、両面に打ち粉をしっかりふり、めん棒で15×27cmにのばす。

Memo　この段階の生地がもっとも台にくっつきやすいため、しっかり打ち粉をふりましょう。生地をのばす作業は、バターが生地になじんでしまわないうちに、手早く行ってください。

15

14の生地の中央に**13**のデトランプ生地をのせ、上下の生地を折りたたんで包む。

16

〈四つ折り〉生地を90度回転させ、3mmのルーラーを両サイドに置く。しっかり打ち粉をふって11×40cmにめん棒で手早くのばす。

Memo　最初の四つ折りはスピード重視で。生地の端が割れても気にしなくて大丈夫です。べたついてきたら冷蔵庫で1時間ほど冷やしてから次の作業をします。

17

上から6cmを手前に折り、その端に合わせて下の生地を折る。めん棒を転がして生地を密着させる。

18

さらに半分に折り、めん棒で軽く押さえて生地を密着させる。

19

〈三つ折り〉生地を90度回転させ、3mmのルーラーを両サイドに置く。しっかり打ち粉をふって11×40cmにめん棒で手早くのばす。

20 生地を台から手ではがし、再び台にそっとのせる。こうすると生地の張りをゆるめ、焼き縮みを和らげることができる。

12cm

21 上から12cmほど折り、下から重ねて折りたたむ。

22 めん棒で軽く押さえて生地を密着させる。

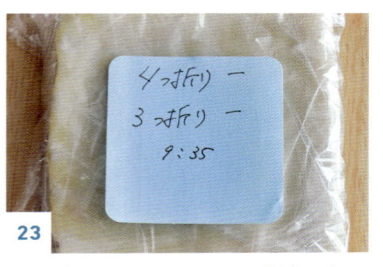

23 ポリ袋に入れてふせんに「折った回数（正の字）と終了時間」を書いて貼り、冷蔵庫で2〜3時間休ませる。

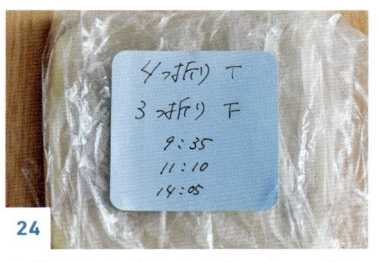

24 冷蔵庫から生地を出し、〈四つ折り **16〜18**〉と〈三つ折り **19〜22**〉をもう1回行い、最後にもう一度〈三つ折り **19〜22**〉を行う。

Memo 冷凍で約2週間保存できます。

クレーム・ダマンドを作る

下準備

- ・バターは常温に戻す。
- ・全卵は常温に戻す。

25 ボウル（18cm）にバターを入れ、ゴムべらでポマード状に練る。

26 粉糖を加えてゴムべらで全体になじむまですり混ぜる。

Memo バターの温度が低くて混ぜにくいときは、ボウルの底を湯せんに一瞬つけて温めます（24℃くらい）。

27 卵をときほぐし、湯せんにかけて混ぜながら23〜24℃にする。

28
27の卵を4回に分けて**26**のバターに加える。その都度泡立て器でしっかりと乳化させる。乳化の目安は生地が泡立て器にぎゅっと絡まり、重たく弾力を感じたとき。

29
アーモンドパウダーを一度に加え、ゴムべらで混ぜる。

30
半分ほど混ざったところでラム酒を加え、全体が均一になるように混ぜる。ラップをして冷蔵庫で一晩休ませる。

Memo　冷蔵で5日間、冷凍で約2週間保存できます。

2日目

組み立てる

31
24の生地をポリ袋から出して長いほうの辺を半分に切り、半分は再びポリ袋に入れて冷蔵庫に入れる。

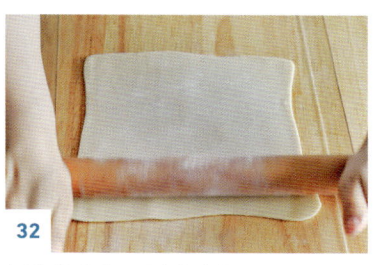

32
打ち粉をして両サイドに2mmのルーラーを置き、生地を90度回転させながらめん棒で20cm角にのばしていく。

33
板にオーブンシートを敷いて、生地をめん棒に巻きつけて移す。

34
31で冷蔵庫に入れたもうひとつの生地も**32**と同様にしてのばし、**33**の生地の上に重ねる。

35
板ごとポリ袋に入れて冷蔵庫で1時間以上休ませる。

36 生地を1枚、シートごと台にのせる。セルクル（直径18cm）をのせ、ナイフを外側に沿わせて一気に切り抜く。もう1枚も同様に行い、冷蔵庫へ入れておく。

Memo 切り抜く直前に5分ほど冷凍庫に入れておくと生地がしまってカットしやすくなります。残った生地はラップでふんわり包んで冷蔵庫に入れておきましょう。

37 30のクレーム・ダマンドを冷蔵庫から出して20分ほど常温に戻し、ゴムべらで軽くほぐしてから、170gをはかって絞り出し袋に入れる。

Memo クレーム・ダマンドの入ったボウルをはかりにのせて「0」にし、そこから170gを取ります。

38 36の生地を1枚台に出し、セルクル（直径15cm）を中心が同じになるようにのせ、軽く押して印をつける。

39 37の絞り出し袋の先端を1.5cmカットし、38の中心から15cmの印の1cm内側まで渦を巻くように絞り出す。

40 ゴムべら（またはパレットナイフ）で平らにならす。

41 フェーブとしてアーモンドを埋め込む。

Memo フェーブはチョコレートや陶器製のものでもOKです。

42 縁の部分に指で水をぬり、36のもう1枚の生地を冷蔵庫から出してのせる。

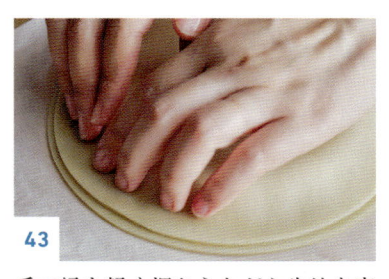

43 手で縁を軽く押さえながら生地を密着させる。このとき側面には触らないようにする。触ると層がつぶれてきれいな焼き上がりにならない。

44 縁の少し内側を指で押さえながらナイフの背で模様をつける。ナイフを入れる位置は指ひとつ分。ポリ袋に入れて冷蔵庫で30分休ませる。

ドリュール（ツヤ出し用）を作る

45

小さな容器に卵黄を茶こしでこして入れ、牛乳を加えてよく混ぜ合わせる。

46

冷蔵庫から**44**を取り出し、シルパンの上に上下をひっくり返してのせ、**45**を側面にたれないように注意してはけでぬる。シルパンごと冷凍庫で5分固め、再び**45**をぬって冷凍庫で5分固める。ここでオーブンを200℃に予熱する。

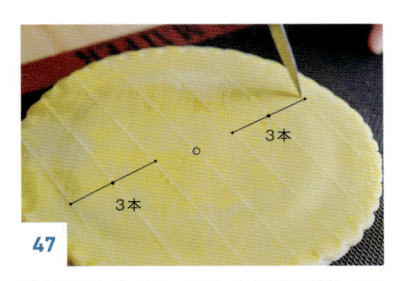

47

冷凍庫から出して中心に爪楊枝で穴をあけ、そこを中心としてナイフで縦に1本、両サイドに3本ずつ筋をつける。

Memo ここでは初めてでも失敗しにくい麦の穂の模様をつけます。

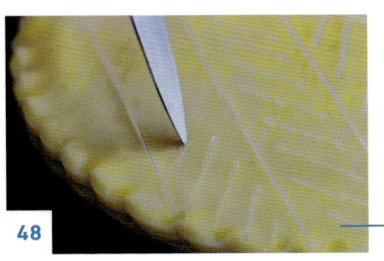

48

筋の間に5mm間隔に斜めに筋をつけていく。このとき縦の筋にくっつかないように注意して。最後に筋の上に爪楊枝で全体に5か所ほど穴をあける。

49

天板にシルパンごとのせ、四隅にセルクル（直径5×高さ3.5cm）を置く。180℃のオーブンで20分焼く。

Memo セルクルの代わりに、同じくらいの高さの耐熱ココットやプリンカップなどでもよい。

50

オーブンをあけて生地の上にオーブンシートをのせ、天板（350gくらいのバットなど）をセルクルにのせて、さらに40〜50分焼く。

Memo 天板をのせることで、浮いてくる生地の高さをそろえ、表面を平らに仕上げることができます。

シロップを作る

51

焼き上がる5分前に耐熱容器に**D**を入れて、ゴムべらで混ぜて溶かす。

52

焼き上がったら、はけでシロップをぬる。

保存
常温で保存し、3日以内に食べきる。

フェーブのこと

切り分けたガレット・デ・ロワの中にフェーブの入っていた人がその日の王様。ワクワクして心ときめくお菓子です。もともとちっちゃいものが好きだった私は、初めてフェーブに出合ったとき、胸が高鳴りました。精巧に作られたミニチュアの陶器の表情やしぐさが愛らしく、とりこになったのです。それ以来、ガレット・デ・ロワの季節が来ると、いろんなお店で買ってきて、フェーブ専用の小さな缶に入れて集めています。

Q & A

Q. パイ生地に薄力粉と強力粉を使用しているのはなぜですか?

サクサク食感を出すために2種の粉を使っています。薄力粉だけで作るとコシがなく、のばすときに切れやすい生地になってしまいます。また強力粉だけで作るとコシが強すぎて生地がのびにくくなります。そこで薄力粉と強力粉を合わせて使っているのです。1種類の粉で作るなら、準強力粉の「メルベイユ」で作るのがおすすめです。この粉はサクサクとした食感と、粉の持つうまみをしっかりと出してくれます。

Q. 生地をのばしているとき、生地がどうしても台にくっついてしまいます。

アンヴェルセ(p.84)はバターが表面に出ているため、折り込みの初期段階はくっつきやすい生地です。打ち粉をたっぷりふりましょう。多めにふっても問題ありません。作業を進めるにつれ、生地がくっつきにくくなって扱いやすくなります。

Q. 折り込みのとき、生地をのばすのに時間がかかってしまいます。どうしたら早くのばせますか?

冷蔵庫から出したての生地はかたいので、めん棒の上に体重をしっかりとのせ、ぐっと押し当てながら少しずつのばしてください。このあとめん棒を転がしてのばしていくと、早くのばせます。

Q. 折り込みが終わって冷凍しておいた生地は、その後どのように解凍したらよいでしょうか?

冷蔵庫で半日解凍してください。その後、組み立てる(p.89)の作り方**31**からスタートして、同じように作業してください。

残りの生地で

リーフパイ

ガレット・デ・ロワを作るとき、
型で抜いたあとに残った生地を冷やし固め、
葉っぱの模様をつけてパリッと焼き上げます。

材料　約6cm7枚分（直径6cmの菊抜き型使用）

「ガレット・デ・ロワ」を作った残りの生地
　　（p.90の作り方 **36** 参照）…… 全量
微粒子グラニュー糖 …… 適量

下準備

・ オーブンシートを9×13cmに14枚カットする。

作り方

1 パイ生地の残りを、できるだけ隙間を作らないよう台の上に平らに敷き詰める。打ち粉をしてめん棒で長さを1.2倍くらいにのばし、隙間を密着させる。

2 三つ折り（p.87〜88の作り方 **19〜22**）を2回行い、ラップに包んで冷蔵庫で2時間以上休ませる。

3 台に出して打ち粉をふり、両サイドに3mmのルーラーを置いて上下左右まんべんなくのばす。オーブンシートにはさみ、再度冷蔵庫で1時間以上休ませる。

4 台に出して菊抜き型で抜く **a**。

5 片面にはけで水を薄くぬり、小さいバットにグラニュー糖を広げて手で押さえてくっつける **b**。

6 オーブンシートにグラニュー糖をつけたほうを上にしてのせ、もう1枚のオーブンシートでサンドする。両サイドに2mmのルーラーを置いてめん棒でのばす **c**。　残りも同様にしてのばし、冷凍庫に入れて30分ほど固める。

7 ペティナイフで葉脈の模様を描き **d**、グラニュー糖がついているほうを上にしてシルパン（またはオーブンシート）に並べる。180℃のオーブン（予熱は190℃）できつね色になるまで15〜20分焼く。

材料について

味や食感、風味の決め手になるものです。
それぞれのお菓子に合ったものを選びましょう。

薄力粉

薄力粉は目指しているお菓子の仕上がりによって銘柄を使い分けていますが、好みのもので大丈夫。開封後は口をしっかりと閉め、直射日光と高温多湿を避けて常温で保存します。「エクリチュール」はフランス産小麦。サクッ、ホロッとした食感に仕上げたいクッキーなどに使用。「ドルチェ」は北海道産小麦。口どけがよく、ほどよい力強さのあるお菓子に仕上げたいレーズンサンドやフィナンシェなどに。「特宝笠」はアメリカ産小麦。口どけがよく、しっとり感が増して、やわらかさを維持したいロールケーキに使用。

強力粉

強力粉は生地によりしっとり感や強さをプラスしたいとき、薄力粉に加えて使います。「はるゆたかブレンド」は北海道産小麦。本書ではガレット・デ・ロワで薄力粉に加えて使用。

バター

本書では基本的に食塩不使用のものを使っていますが、発酵バターでもOK。発酵バターは乳酸菌によって発酵させたもので香り豊か。よりコクのある味わいに仕上がります。酸化しないように銀紙やラップで包み、冷蔵ならなるべく早くに使いきりましょう。長期間の場合は冷凍庫で保存。

微粒子グラニュー糖

粒子が細かく溶けやすいので、バターや卵白などの材料と混ざりやすい。すっきりとした甘さで他の素材の味を引き立てます。

粉糖

グラニュー糖を粉砕したもの。水分の少ない生地になじみやすく、口どけのよい焼き菓子に仕上がります。本書ではオリゴ糖入りのものを使用していますが、粉末水あめ入りやコーンスターチ入りのものでも大丈夫。溶けないタイプは、水分を吸いにくいため、仕上げに使います。

きび砂糖

やさしい甘さでコクがあるので、風味をプラスしたいときに使用。

塩

まろやかな味わいのフランス産ゲランドの塩（顆粒）を使用。少量加えることで、素材の甘みや風味を引き立ててくれます。

生クリーム

乳脂肪分35％と42％のものを使用。乳脂肪分がこれらと同じではなくても、なるべく近いものを使うようにしてください。

アーモンドパウダー

アーモンドを粉末にしたもの。本書では皮なしのものを使用しましたが、風味やコクを強く出したいときは皮つきのものを少量混ぜてみてください。酸化しやすいため、開封後は早めに使いきりましょう。長期保存する場合は保存袋に入れて冷凍庫で保存。

卵

卵はM玉使用。1個分の卵白は33〜34g。

牛乳

成分無調整で乳脂肪分3.6％のものを使用。

バニラビーンズ＆バニラペースト

バニラは甘く豊かな香りが特徴のスパイス。バニラビーンズは種とさやを煮出すことで風味が引き立ちます。バニラペーストはビーンズの風味を凝縮してペースト状にしたもので、焼き菓子やクリームなどに手軽に使えます。

ラム酒

サトウキビが原料の香り高いお酒。お菓子にコクと深みをプラスしたり、シロップの香りづけに使用。

キルシュ酒

さくらんぼが原料の蒸留酒。フルーティな香りが特徴で、焼き菓子やクリームの香りづけに使用。チェリー系のお菓子と相性がいいです。

太白ごま油

生のごまが原料の無味無臭の油。素材の風味を引き立てるので、軽い仕上がりにしたい焼き菓子などに使用。

道具について

使いやすい道具があると作業がはかどります。
私が日ごろからお菓子作りでよく使うものをご紹介します。

ハンドミキサー
低速、中速、高速に切りかえることができるものを。機種によってパワーが異なるので、生地の状態を見て時間を調整してください。

ボウル
熱伝導のいいステンレス製のもので、直径10、15、18、21cmの4サイズがあると便利。

粉ふるい
100円ショップのものを愛用。軽くて洗いやすいです。

手鍋
直径15cmのものを使用。カスタードクリームやシュー生地作りで活躍します。

温度計
温度は安定したお菓子作りをするためにとても重要。刺すタイプのデジタル温度計と非接触型の放射温度計があると便利です。

はかり
0.1gからはかれるデジタル式のものを使用。

台
生地をのばしたりカットするなどの作業をするときに使用。

めん棒
36〜40cm長さで少し太めで重みのあるものが使いやすいです。

カード
混ぜる、集める、切るなどの作業で使用。ほどよいしなりのあるものが使いやすいです。

ゴムべら
柄とへらが一体になった耐熱性のものが洗いやすく衛生的なのでおすすめ。大小あると便利。

泡立て器(大小)
大きなほうは27cm長さのもの。小さなほうは100円ショップで購入したもの。小さなサイズもあると便利。

絞り出し袋
使い捨てタイプが衛生的。100円ショップでも購入できます。

シルパン
メッシュ加工されたグラスファイバー製のシート。メッシュの隙間から余分な水分や油分が落ちるため、さっくりと軽い焼き上がりにしたいときに使います。また、シルパンの表面に生地がひっかかるため、焼いている途中に広がらず、形がきれいに仕上がります。

出沼麻希子
Makiko Idenuma

お菓子研究家で「TABLUE（テーブルー）」主宰。福島県生まれ。高校卒業後、エコール・キュリネール国立製菓専門カレッジで学び、都内の菓子店に6年勤務したのち、ホテルオークラ東京に8年勤務。結婚を機に自宅でお菓子教室「TABLUE」を始める。現在は隔月に1回のペースでオンラインレッスンを行っている。

Instagram @tablue.icing

お菓子教室TABLUEの11のスペシャルレッスン

おうちで作る きれいでおいしいお菓子

2025年3月29日　第1刷発行
2025年4月4日　第2刷発行

著　者　出沼麻希子
発行者　清木孝悦
発行所　学校法人文化学園 文化出版局
　　　　〒151-8524　東京都渋谷区代々木3-22-1
　　　　電話 03-3299-2485（編集）
　　　　　　　03-3299-2540（営業）
印刷・製本所　株式会社文化カラー印刷

文化出版局のホームページ　https://books.bunka.ac.jp/

アートディレクション・デザイン
　小橋太郎（Yep）

撮影
　宮濱祐美子

スタイリング
　西﨑弥沙

調理アシスタント
　朝倉 遥
　内藤和世

校閲
　山脇節子

編集
　小橋美津子（Yep）
　田中 薫（文化出版局）

Special Thanks
　出沼翔太

材料協力

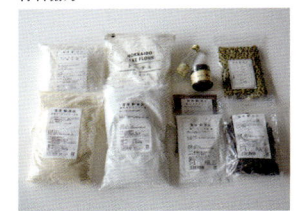

株式会社富澤商店
オンラインショップ
https://tomiz.com/
電話：0570-001919

HOSHINO
オンラインショップ
https://hoshino-co.com/shop/

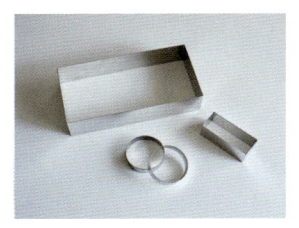

自由が丘 GrandChef
https://www.grandchef.co.jp